I0836175

Anatomía Inka del Alma

Anatomía Inka del Alma

Inka Atahualpa. Museo de Brooklyn. Dominio Público.

Marc Torra

2013 Chakana Creations
ISBN: 978-0-9871197-9-7

Corrección: Aida Mateos
Maquetación: Ramon Masip

Publicado por:

Página web del editor: www.chakana-creations.com

ISBN: 978-0-9871197-9-7

Mapa antiguo de la portada por Brenda Starr.
Imágenes de la portada por Mintsi Griso

Índice

Introducción 1

Capítulo 1

Registros en la Mitología 23

Capítulo 2

Registros en las Leyendas 55

Capítulo 3

Registros en el Urbanismo y la Arquitectura 85

Capítulo 4

Registros en los Actos y Festividades 113

Capítulo 5

Registros en los Emblemas 135

Capítulo 6

Registros en las Danzas 149

Capítulo 7

Registros en los Objetos Sagrados 171

Escudo de Manco Cápac por Mintsi Griso. Creative Commons.

Sobre la presente obra

Con la entrada en la era de la materialidad, hace ahora 5 mil años, el conocimiento sobre la anatomía del alma pasó a formar parte de las distintas tradiciones esotéricas. Ello hizo que fuera reservado a unos pocos iniciados.

En los Himalayas fue un saber transmitido oralmente, de maestro a discípulo, y registrado en libros como los puranas o los tantras. En el Antiguo Egipto y Sumeria, se transmitió a partir de las diversas escuelas místicas. Con la llegada del islam, muchas de dichas escuelas se convirtieron en hermandades sufíes. En occidente, dado el poder que tal saber confería, a la sombra del mismo se fundaron diversas sociedades secretas, reservándolo a unos pocos adeptos y especialmente al grupo aun más reducido de sus altas jerarquías.

No fue hasta finales del siglo XIX que tal información empezó a trascender el círculo de discípulos, iniciados y adeptos, para serle accesible al resto de los comunes.

Sin embargo, en los Andes no fue así. Tal como nos revela la presente obra, la civilización inka lo transmitió abiertamente. Lo comunicó en sus mitos y leyendas, en el urbanismo, en los actos y festividades, en las danzas, en los símbolos y emblemas, y en el lenguaje. En ellos fue 'escrito' para que pudiera ser 'leído' por todos, pues por definición en una sociedad en la que no existió la escritura, tampoco pudo haber analfabetismo.

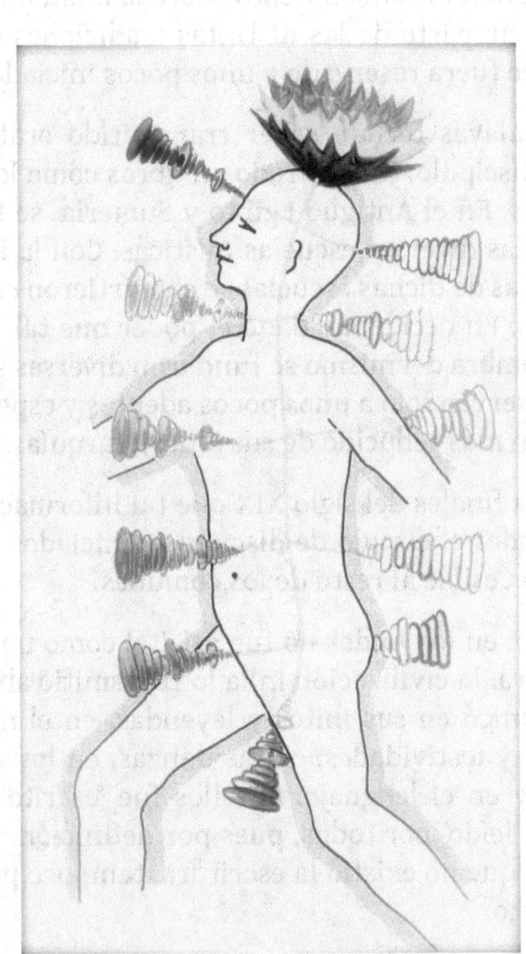

Interpretación de los chakras del autor.
Dibujo de Mintsi Griso. Creative Commons

Prólogo

El presente libro habla sobre una cultura cuya superficie apenas empiezo a acariciar y cuya profundidad no se si nunca podré alcanzar. ¿Qué otra cosa podía hacer si — al caminar por las calles del Cusco, al contemplar la iconografía inka, al presenciar las danzas andinas, al leer las leyendas de aquella tierra ancestral — el conocimiento empezó a fluir como si simplemente lo estuviera recordando?

El libro está inacabado pues quien empieza algo sin pretenderlo, tampoco sabe cuándo podrá terminarlo. Aun quedan importantes fuentes en las que indagar. De todas ellas, la más relevante es el lenguaje. El quechua es una lengua aglutinante, lo cual significa que las palabras se forman uniendo distintos monemas. Ello permite descomponerlas, para de su análisis obtener auténticas definiciones del concepto comunicado. Hasta que el libro no incluya dicha información, no podré decir que está acabado.

Recuperar ese antiguo conocimiento debe ser el resultado de un esfuerzo colectivo y tal esfuerzo solo es posible si tu también recuerdas. De ahí que al final de cada capítulo haya un cuestionario. Observarás cómo en dichos cuestionarios cada sucesiva pregunta es más difícil que la anterior, de manera que las respuestas a las últimas preguntas de cada capítulo ni tan siquiera están en el libro. Ello te brinda la oportunidad de indagar en tu interior, para que tu esfuerzo por descubrir también te conecte con esa misma fuente. Ello es importante pues cuantos más seamos, más fácil nos será «recordar». El conocimiento nunca desapareció. Solo fue relegado a nuestro subconsciente colectivo y de allí debe ser recuperarlo. La obra que aquí te traigo constituye una pequeña contribución hacia la consecución de dicho objetivo.

Introducción

Apu. Mural anónimo. Foto de Marc Torra. Creative Commons.

La Complementariedad Andina

El mundo andino no cae en la dualidad de distinguir entre el bien y el mal, entre lo positivo y lo negativo, sino que habla en términos de densidad, de energía pesada (*hucha*) y sutil (*sami*). La energía más densa procede del mundo de abajo (*Ukhu Pacha*) y la sutil del de arriba (*Hanan Pacha*), con el mundo intermedio que habitamos como punto de intersección o cruce (*tinkuy*) entre ambos.

Su Universo no es dual, sino complementario. En él no se pretende estar haciendo el bien, a costa de negar nuestro lado oscuro, pues saben que en una dualidad, cuando negamos una de sus expresiones, acabamos dominados por aquella misma expresión que no reconocimos en nosotros. Es decir, cuando no aceptamos que el 'mal' también puede estar en nosotros, y se lo atribuimos al 'otro', creyéndonos estar haciendo solo el bien, acabamos convirtiendo ese pretendido 'bien' en algo maligno.

Uraeus del Antiguo Egipto.

De ahí que el andino no perciba el mundo de abajo, ni los centros energéticos inferiores, ni la serpiente que los representa, como algo negativo que hay que superar, evitar o aniquilar. Los ve como algo que hay que saber integrar, saber hacer evolucionar, para que a la serpiente le nazcan alas y así pueda alzar el vuelo. Busca transmutar el reptil en ave, la oruga en mariposa, dando continuidad al proceso evolutivo de la consciencia. Esa misma metáfora la encontramos en el *Quetzalcoatl* tolteca, el *KUkhulcan* maya, el *Uraeus* del antiguo Egipto o el *Caduceos* Griego.

Para el andino, el mundo de abajo es el origen, la *pakarina*, el lugar del que nace la vida, el Lago Titicaca, el vientre de la *Pachamama* (Madre Tierra), el centro en la cruz *chakana* y la realidad de la que procedemos. No tendría ningún sentido verlo como algo negativo o maligno. Sería como pretender que los niños son malvados por no haber alcanzado aun la edad adulta, o que los animales son malignos por no haber adquirido la condición humana.

El andino no necesita efectuar tales distinciones, permitiéndole ello evitar muchos de los dilemas que atrapan a las tres grandes religiones de libro (Judaísmo, Cristianismo e Islam). Constituyen paradojas, como la de hablar de un Dios único y omnipresente, quien a su vez no incluye el mal; o de un ángel caído cuyo nombre viene de luz (Lucifer), pero que simboliza las tinieblas. Ello crea un universo dual en el que Dios es visto como el bien absoluto y Satanás como el mal total, sin términos intermedios, proyectando un mundo de extremos.

Oriente, a diferencia de Occidente, si aprendió a relativizar los conceptos del bien y del mal. Para el oriental nada es bueno o malo de-per-se, dado que éstos constituyen términos relativos y no absolutos. Las cosas pueden ser buenas o malas según el uso que hagamos de ellas o el ojo que las contemple. Las personas serán buenas o malas según el rostro que nos muestren, y cómo lo interpretemos. Pero ante todo, ni las unas ni las otras son buenas o malas. Son simplemente cosas y personas.

Tal concepción relativa la observamos en el *Samkhya*, una antigua escuela filosófica de la India. Según dicha filosofía la oscuridad es *tamas*, inercia, apatía. No es algo maligno, pero si algo poco evolucionado, algo que aun no ha sido iluminado por la luz del Espíritu. Mientras que la luz es *sattwa*, es armonía, belleza y equilibrio. Entre ambos, se encuentra la cualidad de *rajas,* del movimiento y dinamismo propios del mundo intermedio.

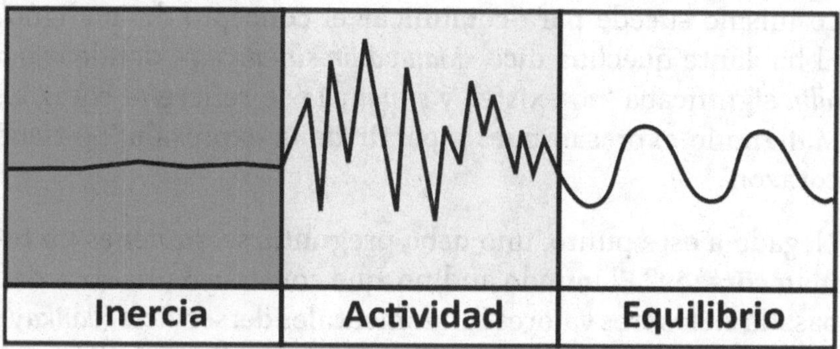

Dichas cualidades de *tamas* y *sattva* están mucho más cerca a la hora de describir los atributos del mundo de abajo y de arriba andinos que las etiquetas típicamente occidentales del Cielo y el Infierno. Sin embargo, el andinismo va aun más allá, pues el hinduismo y budismo, todo y relativizar los conceptos del bien y el mal, también los aplica. Habla de los *devas* (deidades benéficas) y de los *asuras* (deidades maléficas). En cambio, ya no solo en los Andes, sino que en ninguno de los pueblos originarios de América se sintió nunca la necesidad de caer en tal tipo de dualidad. Ni lo hicieron en términos relativos, como Oriente, y mucho menos lo hicieron con el absolutismo típico Occidental.

De ahí que antes de la llegada de los 'conquistadores' no existiera en la lengua quechua una palabra para decir 'mal', 'malvado' o 'maligno'. En dicha lengua andina la palabra para referirse a algo bueno es *«allin»*. Uno de sus usos es, por ejemplo, para decir buenas noches (*allin tuta*). Por contra, no existía una palabra para decir 'mal', pues a nadie se le ocurrió despedirse diciendo 'malas noches'. Y así fue hasta que hace quinientos años Europa llegó con su concepto de 'mal'. Para incorporarlo a su lenguaje, el andino lo tuvo que traducir como negación de lo bueno. Así idearon la expresión *«mana allin kay»* y que literalmente significa 'no (*mana*) existe (*kay*) el bien (*allin*)'.

Lo mismo sucede para comunicar el concepto de 'maligno'. El hablante quechua dice *«Mana allin sunquyuq»*, donde *mana allin* significaba 'no existe', y *sunquyuq* se refiere al corazón. Maligno lo expresan pues a partir de la expresión 'no tiene corazón'.

Llegado a este punto, uno debe preguntarse: ¿quiénes no tenían corazón? El mundo andino, que construyó una sociedad basada en los tres valores fundamentales de: servicio (*llankay*), amor (*munay*) y sabiduría (*yach'ay*); o aquellos que llegaron con la espada en una mano y la cruz en la otra, acusando al 'otro' de malvado, para así justificar sus actos de crueldad ante el mundo...

La presente obra busca recuperar parte del conocimiento perdido durante la larga noche de los 500 años. Busca recuperarlo a partir de los registros que aun se conservan, aquellos que se salvaron de los extirpadores de la idolatría.[1] Otras civilizaciones no tuvieron la misma suerte. Los códices mayas alimentaron un fuego que duró tiempo.[2] Sin embargo, en el caso inka, por carecer de escritura formal, tal sabiduría fue registrada de múltiples formas; registrada para que ahora pueda ser interpretada.

---

1 La extirpación de la idolatría fue un esfuerzo iniciado en el año 1610 y llevado a cabo por la Iglesia Católica para eliminar cualquier culto previo.

2 El arzobispo de Yucatán, Diego de Landa, ordenó en el año de 1562 la quema de un número indeterminado de códices mayas y numerosas imágenes de culto.

La Escritura Inka

Dicen de los inkas que no poseían escritura, al menos en el sentido formal de la palabra. Pero el no utilizar un código que comunicara conceptos, sílabas o fonemas mediante el uso de símbolos o caracteres, no implica que no dispusieran de un amplio y sofisticado abanico de fórmulas para registrar la información. Aparte de los famosos *quipus*, sistema de cuerdas y nudos utilizado para computar datos, también utilizaron otros tipos de registro, y en ellos dejaron codificada información sobre la anatomía del alma.

Quipu - Museo Larco. Lima
por Claus Ableiter. Creative Commons.

Por ejemplo, tenemos la tradición oral, con sus mitos, leyendas, alegorías, cuentos, axiomas, máximas, adivinanzas, poemas, parábolas y refranes. ¡Para qué escribir, entonces, su sabiduría, si disponían de sabios (*amautas*) suficientes como para transmitirla oralmente, y sin el peligro de ser malinterpretada!

Sachamama Stargazer
por Creative Christine Marsh. Copyright.

También comunicaban en el urbanismo, con la alineación de sus calles, plazoletas, monumentos y canales; y por medio de la arquitectura, con sus estructuras, formas, proporciones, materiales, volúmenes, orientaciones y distribución de los espacios. El agua fluyendo por los canales labrados en piedra comunicaba con su sonido, mientras que la luz del Sol o la Luna lo hacía dibujando reflejos y sombras al proyectarse sobre los monumentos. ¡Para qué tener compendios del conocimiento, entonces, si cada edificio era una enciclopedia interactiva, cuyos volúmenes estaban repartidos por las calles de la ciudad!

Piedra de los 12 angulos

Durante las festividades, la ciudad se transformaba en un decorado en el que la información era transmitida en cada acto, en cada danza, en el teatro, la música, las comparsas,... Todo comunicaba algo. ¡Para qué tener novelas, si los relatos ya estaban escritos en los actos festivos y en todas las actividades que los acompañaban!

Inti Raymi 2008 por Bill Damon. Creative Commons.

Serpiente labrada. Sacsayhuamán

Otro método de registro consistía en el uso de símbolos, como logogramas, logotipos, imágenes, talismanes o figuras, los cuales eran pintados, grabados, dibujados, estampados o bordados en sus telas, paredes u otras superficies; o tallados, moldeados, labrados y maquetados en piedra, madera, cobre, barro u otros materiales. ¡Para qué tener manuales, entonces, si cada objeto se explicaba por sí mismo!

También transmitían información mediante la vestimenta, con sus ropajes, bisutería, máscaras, coronas, o bastones, y también con las cenefas, emblemas y otros símbolos añadidos a sus prendas. Por medio de la correcta observación del vestuario se podía identificar la edad, el lugar de procedencia, el nivel de instrucción, la profesión, el rango social y los cargos ostentados por la persona, entre otras muchas cosas. ¡Para qué tener tarjetas de presentación, pues, si cada persona se definía con su vestimenta!

Escudo Inka por Mintsi Griso. Creative Commons.

Rostro de Wirakicha

En especial comunicaban sus objetos sagrados, y mucho, pero de ellos tan solo nos quedan las descripciones, dado que, bien fueron destruidos, bien extraviados a propósito para poder salvaguardarlos. ¡Para qué tener escrituras sagradas, entonces, si cada ídolo comunicaba algo por sí mismo!

Finalmente, el quechua es rico en los llamados *signogramas orales*. Son *signogramas*, como los *kanji* (caracteres chinos o japoneses, entre otros), o como los gestos utilizados en el lenguaje de las manos, pero cuya información es transmitida oralmente y no visualmente. Así, por ser una lengua aglutinante, al descomponer las palabras en sus raíces, escuchamos, tanto en el significado literal de éstas como en su significado análogo, explicaciones detallas del concepto cuya palabra se descompuso. Y al reducir tales raíces a sonidos sencillos (fonemas), éstas nos entonan *mantras* que nos vinculan con la naturaleza y sus elementos ¡Para qué tener diccionarios, entonces, si cada palabra se definía por sí misma!

De la lectura de todos los registros mencionados obtenemos información sobre el conocimiento que tanto los sabios como el pueblo poseían sobre la anatomía del alma.

La Escritura no Inka

De registros escritos en la que podríamos denominar escritura formal nos llegan pocos. El rey Felipe II de Castilla se ocupó de prohibir que se escribiera acerca de las costumbres de los 'indios', y fray Alonso Montufar, encargado de las funciones de inquisidor antes del Santo Oficio, formalmente prohibió la venta de estas obras y mando recoger todos los volúmenes.[3]

Como resultado, tan solo nos llegan las crónicas oficiales, más unas pocas que por una razón u otra lograron eludir la censura. De ahí que a la hora de recuperar la sabiduría inka, los registros 'no escritos' sean mucho más fidedignos que estos otros, los escritos. Son mucho más fidedignos pues aquellos que escribieron sus crónicas cuando el pasado aun no había sido completamente borrado de la memoria colectiva andina, reinterpretaron la historia con la intención de 'justificar' la conquista ante el mundo. Por ejemplo, Pedro Sarmiento de Gamboa nos confiesa, casi involuntariamente, que el objetivo encomendado a la hora de escribir su crónica era:

> *"[...] averiguar la tiranía de los crueles inkas de esta tierra, para que todas naciones del mundo entiendan el jurídico y más que legítimo título que el rey de Castilla tiene a estas Indias y a otras tierras a ellas vecinas, especialmente a estos reinos del Perú."*
> *(Sarmiento de Gamboa, Pedro: Historia de los Inkas. 1572)*

Incluso cronistas mestizos, como Garcilaso de la Vega o el Padre Blas Valera, o andinos puros como Juan de Santa Cruz Pachacuti, a veces dejan escapar frases como "la ignorancia de estos inkas". Lo hacen bien por influencia de la cultura conquistadora y dominante; bien por necesidad, para que sus

3 Robert Ricard. *La Conquista Espiritual de México.* 1986 Fondo de Cultura económica.

escritos no fueran censurados. Así esperaban que, entre afirmaciones del tipo 'ignorantes indios' y 'tiranos inkas', pudiéramos descubrir la verdad. De ahí que todas las crónicas se tengan que leer entre líneas y nunca literalmente.

Pero esos registros 'no escritos' también son más fidedignos por una razón mucho más sutil, una razón vinculada a una interpretación de la realidad que aún perdura. Según ésta, hace unos 12 mil años aún vivíamos en cuevas, en pleno paleolítico, y sólo recientemente empezamos a alzarnos en civilizaciones. De ahí que se considere que los inkas aparecieron apenas hace unos mil años, mientras que los remanentes de cualquier civilización precolombina son datados dentro de lo que se considera el periodo histórico de la humanidad, es decir, dentro de los últimos 5 mil años.

Utilizan el carbono 14 para datar restos arqueológicos, pero éste no puede calcular la antigüedad de las piedras, por ser ellas inorgánicas. Sólo si hay restos orgánicos, puede tal antigüedad inferirse, no en referencia a las piedras, sino a los restos de huesos, ropa, o utensilios de madera encontrados junto a éstas. Sin embargo, esa labor resulta imposible cuando las

Templo de Sacsayhuaman por Marc Torra. Creative Commons.

piedras han sido visitadas por multitud de civilizaciones y han sufrido al menos un intento de borrar su pasado, como le sucedió a las piedras inkas.

Mucho más fiable que el carbono 14 es el sentido común, pues cuando uno visita *Sacsayhuaman*, *Q'enko*, o el Templo de la Luna y lee sus piedras, siente que éstas no tienen apenas unos siglos, sino milenios.

Al contemplar piedras talladas de más de 300 toneladas y encajadas perfectamente unas con otras, uno siente que el conocimiento para realizar tal proeza ya hace tiempo que fue olvidado. Siente que si esas piedras tuvieran siete siglos, tal como afirma la versión oficial de la historia en el caso de *Sacsayhuaman*, tal habilidad aun se hubiera conservado cuando dos siglos después llegaron los 'conquistadores'.

O cuando uno visita los restos arqueológicos de *Pisaq* y contempla la tierra fértil, llana, y apta para el cultivo en el valle, al tiempo que observa cómo todas las edificaciones antiguas, sean inkas o preinkas, se hallan sobre la vertiente de la montaña, el sentido común nos dice seguramente sean mucho

Terrazas de Pisaq por Marc Torra. Creative Commons.

más antiguas de lo que se afirma. ¡Acaso no es absurdo construir en la vertiente de la montaña, si el agua, la tierra fértil, y los campos llanos y de fácil acceso se hallan en el valle! Obviamente, la explicación más plausible es que cuando se construyó el *Pisaq* antiguo, aquel que se halla sobre la ladera de la montaña, el valle era un inmenso lago. De ahí que la tierra del valle sea tan llana.

¿Pero cuándo fue el valle un lago? No hace mil, ni 5 mil años, sino hace entre 10 y 15 mil años, cuando el fin de una glaciación anegó los valles con las aguas de deshielo e hizo ascender el nivel de los mares. De ahí que el 'sentido común' nos diga que los constructores de aquellos lugares ubicaron sus comunidades en las laderas de las altas cumbres de los Andes para así escapar de las constantes inundaciones causadas por el fin de una época glacial.

Eran terrazas que habían construido durante el deshielo, cuando huyendo de las zonas bajas y los valles fluviales, se refugiaron en las montañas. Recuerdos de aquella experiencia traumática aún se conservan en multitud de culturas del planeta y son muchos los cronistas del Perú que recogen aquel evento, llamado por los locales *Unu Pachacuti*, y que en la Biblia fue descrito como el Diluvio Universal.

Entonces, hace ahora 5200 años, una caída de la actividad solar causó el enfriamiento global del planeta, y la entrada en un periodo más seco.[4]

Fue dicho periodo que convirtió la sabana del norte de África en el actual desierto del Sahara, y forzó a muchas de sus tribus nómadas a establecerse a las orillas del río Nilo. Así es cómo habitaron de nuevo unas tierras y ruinas que habían quedado prácticamente deshabitadas desde el gran diluvio,

4 Dicha hipótesis ha sido confirmada por el doctor Lonnie Thompson, paleontólogo y distinguido profesor universitario por la Universidad Estatal de Ohio.

que se estima tuvo lugar hacia el 9700 a. C. Ello explicaría porqué la Gran Esfinge de Giza muestra síntomas de erosión por lluvias torrenciales, en un lugar en el que apenas llueve desde hace 5200 años.

En la cordillera de los Andes, el incremento del frío y mayor escasez de agua parece que obligó a sus habitantes a abandonar muchas de las terrazas de cultivo construidas en las laderas de las montañas, y empezaron a construirlas en los valles fluviales.

Conclusión

Es por todo ello que los principales registros utilizados para escribir este libro no fueron las crónicas. No lo pudieron ser, especialmente si tenemos en cuenta que el libro intenta abordar temas que en la Europa de la época estuvieron al alcance de unos pocos iniciados. Son asuntos que en su momento fueron tachados de herejía, y por los que la Santa Inquisición quemó a muchos. De ahí que poco nos puedan aportar las crónicas, más que cuando lo hacen sin darse cuenta, sin percatarse de ello.

Además, la información extraída de todas esas fuentes de escritura inka tampoco fue interpretada a partir de la visión aceptada de la historia, pues la amnesia colectiva que nos llevó a tal visión nunca me hubiera permitido leer correctamente los mencionados registros. Los estoy interpretando a partir del sentido común y del conocimiento de un pasado que está empezando a ser recordado.

§

Repaso de la introducción

Las respuestas correctas se hallan en la página 22. Observarás cómo cada sucesiva pregunta es más difícil que la anterior, de manera que las respuestas a las últimas preguntas ni tan siquiera están en el libro. Ello te brinda la oportunidad de indagar en tu interior, para que tu esfuerzo por descubrir también te conecte con ese conocimiento.

1) Durante el inkanato, los *amautas* fueron:

   A Los escribanos inkas

   B Los que leían los *quipus*

   C Los sabios

   D Los sacerdotes

---

2) ¿Cómo escribían los inkas la información?

   A En la vestimenta

   B En la arquitectura

   C En pergaminos

   D En cuerdas con nudos

---

3) ¿Quién fue Pedro Sarmiento de Gamboa?

   A Un cronista del siglo XVI

   B Un inquisidor español

   C Hijo de madre inka y padre español

   D Un navegante portugués

---

4) ¿Los pueblos andinos se refieren al Diluvio Universal como?

A Santa Cruz Pachacuti

B Taita Inti

C Unu Pachacuti

D Unu Amaru

---

5) ¿A qué equivaldría un *quipu* hoy en día?

A A un ábaco

B A una agenda

C A un diario contable

D A una novela de ficción

---

6) ¿Qué símbolos no son inkas?

---

7) ¿Permite el Carbono 14 datar la antigüedad de las piedras?

A Siempre

B Solo cuando fueron talladas por seres humanos

C Nunca

---

8) ¿Qué dice la historia oficial sobre *Sacsayhuaman*?

A Que es pre-diluvial

B Que fue construida por el Inka Pachakúteq hace siete siglos

C Que es un templo

D Que fue construida por refugiados atlantes

---

9) ¿Cuántas personas se requieren para mover la piedra más grande de Sacsayhuaman (350 toneladas), si cada persona es capaz de alzar 70 kilogramos?

A 50

B 500

C 5.000

D 50.000

---

10) Relaciona los símbolos con las culturas

A **B** **C**

1 Taoísta

2 Inca

3 Tolteca

---

11) ¿Qué tienen en común estos tres símbolos?

A Simbolizan el bien y el mal

B Nos comunican la ley de la alternancia

C Nos hablan del equilibrio

D No tienen nada en común

---

12) ¿En qué se asemejan estos dos símbolos?

Chakana

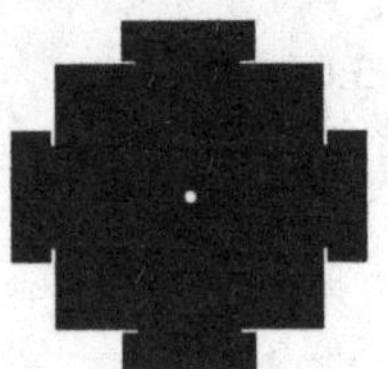

Bhupura

A Su centro simboliza el origen

B Su centro simboliza la Tierra

C Su periferia simboliza el Mundo de Arriba

D Su periferia simboliza el Mundo Material

---

13) ¿Porqué las crónicas españolas sobre la conquista dicen que los inkas eran tiranos?

A Porque lo eran

B Para justificar ante el mundo la invasión y apropiación de su tierra y riquezas

C Para que el pueblo despertara y se liberara de la tiranía de sus mandatarios

---

14) ¿Contra qué atenta la visión cíclica del tiempo?

A Contra la naturaleza

B Contra el sentido común

C Contra la idea de progreso

D Contra el *Status quo*

Solución a las preguntas de la introducción

1) **C**

2) **A - B - D**

3) **A**

4) **C**

5) **B - C**

6) **A - C - D**

7) **C**

8) **B**

9) **C**

10) **2A, 1C, 3B**

11) **B - C**

12) **A**

13) **B**

14) **C - D**

Capítulo 1

Registros en la Mitología

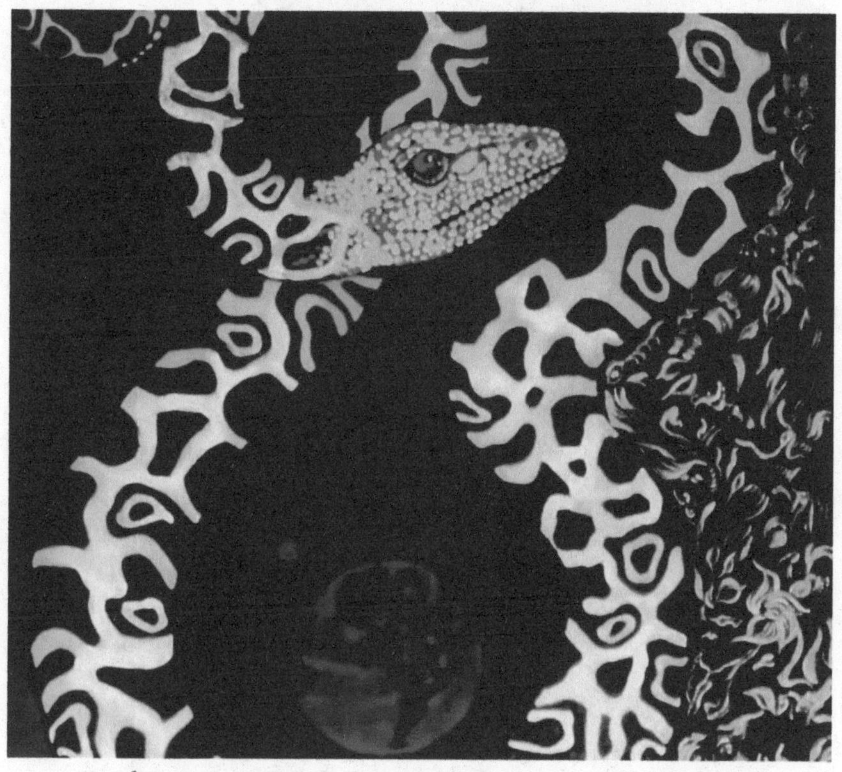

Sachamama Stargazer por Creative Christine Marsh. Copyright

Sach'amama

La mitología andino-amazónica nos habla de *Sach'amama*, una serpiente que une los tres mundos o *pachas*, de la misma manera que la Escalera de Jacob en la Biblia, o el Árbol de la Vida en numerosas tradiciones, unen la Tierra con el Cielo. De ahí que *Sach'amama* signifique justamente Madre Árbol.

A *Sach'amama* se la representa con dos cabezas y un cuerpo que al alcanzar el mundo de arriba (*Hanan Pacha*) se transforma en el Arco Iris (*K'uychi*). Se la representa con dos cabezas para simbolizar la trascendencia del ego, aquel estado en el que vemos en el 'otro' una expresión de nosotros mismos.

Como serpiente, simboliza la energía evolutiva del alma. Llamada *Kundalinī Shakti* por la filosofía tántrica y el yoga, recibe multitud de otros nombres, según la tradición o cultura de referencia. Algunos de tales nombres son: la *Serpiente del Arco*

Serpiente del Arco Iris por Mintsi Griso. Creative Commons.
Quetzalcoatl del Códice Borbonicus. Dominio Público.
Ayida-Wedo del Vudú. Creative Commons.
Dragón alado por Katsushika Hokusai. Dominio Público.

Iris de los aborígenes australianos; el dragón alado de la mitología china y japonesa; el *Chnoubis* de los gnósticos; el *Quetzalcóatl* (serpiente emplumada) de los toltecas; el *KUkhulcan* de los mayas; el *Uraeus* o cobra con alas del antiguo Egipto; el

Ayida-Wedo del Vudú; el fuego del *!kia* entre los bosquimanos del desierto de Kalahari o el *Amaru* del andinismo.

Kundalinī Shakti

El tantrismo nos explica que el *Kundalinī Shakti* duerme latente en el centro energético del periné (*chakra muladhara*), ubicado entre el ano y los genitales. Allí espera a que el fruto esté maduro, para despertarse y continuar su camino de ascenso. Después de ascender a la siguiente octava, la serpiente volverá a enroscarse de nuevo por encima del centro energético de la coronilla (*Sahasrara Chakra*). Representa *la energía evolutiva del alma* ascendiendo al siguiente nivel evolutivo, aquel que, por llamarlo de alguna manera, podríamos denominar angelical.

Punjab Hills, Kangra, Siglo XVIII. Dominio Público.

En una de las escrituras tántricas (*Hevajra Tantra*) se dice: *«uno debe alzarse a partir de aquello que le hizo caer»*. Con ello, se nos está comunicando que la misma energía sexual que nos hizo caer al mundo sensual de la materia, puede ser utilizada para alzarnos al estado original. Para ello, debe ser transmutada de reptil en ave, de serpiente en pájaro, para que al batir las alas se ponga a volar.

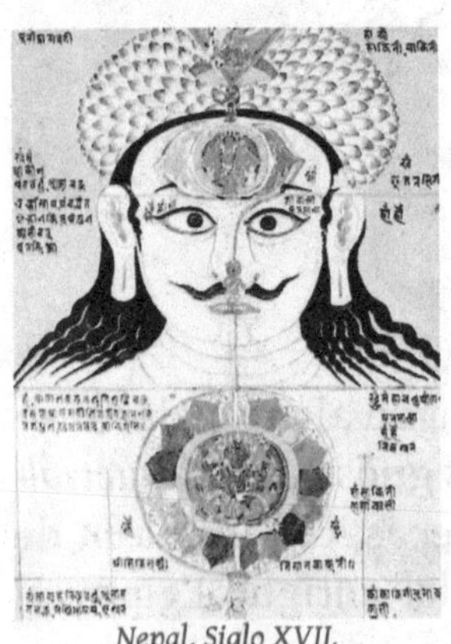

Nepal, Siglo XVII. Dominio Público.

Los dos canales laterales

La cosmovisión andina se basa en la unión entre complementarios. A partir de ella se da nacimiento de algo nuevo, como, por ejemplo, cuando el hombre y la mujer se unen para engendrar un hijo. En el cuerpo sutil humano, la complementariedad se expresa a partir de los dos canales energéticos laterales, aquellos descritos en la Biblia como dos olivos:

> *"¿Qué ves? Y respondí: He mirado, y he aquí un candelabro todo de oro, con un depósito encima, y sus siete lámparas encima del candelabro, y siete tubos para las lámparas que están encima de él; y junto a él dos olivos, el uno a la derecha del depósito, y el otro a su izquierda."*
> *Sagrada Biblia. Edición Reina Valera. Zacarías 4:2-3*

Las siete lámparas constituyen los siete *chakras* o centros energéticos principales del ser humano. Por ellos asciende la energía evolutiva del alma, asciende al despertar, desde el centro del periné hasta el de la coronilla. Dicho ascenso se da por el llamado canal energético central.

Mutus Liber, 1677. La Rochelles. Ed. Petrum Savovret, Bibliothèque Électronique Suisse. Dominio Público.

A los canales energéticos del cuerpo humano, el tantrismo y el yoga los llaman *nādīs*, mientras que el taoísmo, el arte de la acupuntura y el *Qigong* los llaman *meridianos.* En la filosofía tántrica y en el yoga a los dos *nādīs* laterales se les llama *idā* y *pingalā*; equivalentes respectivamente a los meridianos del *ren mai* (*vaso concepción*) y el *du mai* (*vaso gobernador*) del *Qigong*. En la Biblia vienen alegóricamente simbolizados por los dos olivos, pero también por *Adán* y *Eva*. La Cábala los llama *Od* y *Ob*, mientras que para la alquimia son el *sulfuro*, principio vital, y el *mercurio*, principio mental.

Idā, *ren mai*, *Eva*, *Ob* o el *mercurio* representan el *canal lunar*, de carga negativa, por el cual, según el yoga, la energía vital (*prana*) fluye normalmente hacia abajo en el varón y hacia arriba en la mujer. Mientras que *pingalā*, *du mai*, *Adán*, *Od* o *sulfuro* constituyen el *canal solar*, de carga positiva, por el que la energía vital fluye hacia arriba en el varón o en el sentido contrario en la mujer. En adelante los llamaré simplemente *canal lunar* y *canal solar*.

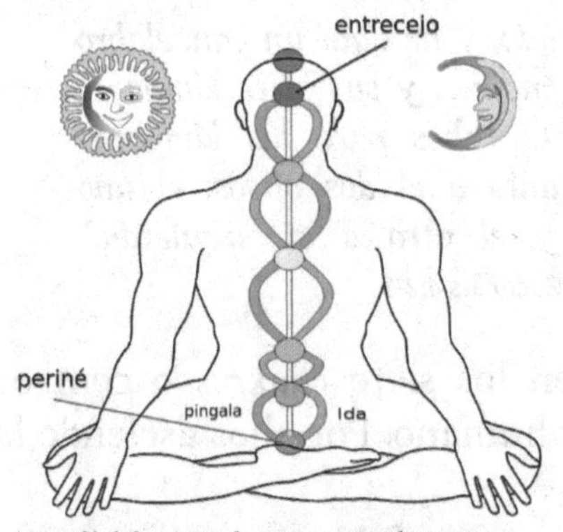

Perfil del cuerpo humano por Alex Engraver. Dominio Público. El resto de la ilustración es obra del autor.

Ambos canales se unen en dos puntos: en el centro energético del periné y en el centro del entrecejo; en la primera y la sexta lámpara del candelabro del que nos habla Zacarías.

El objetivo es que la energía vital fluya por ambos canales de manera equilibrada, creando un circuito que se retroalimenta. Tal flujo lo observamos en el símbolo hermético del *ouroboros*, en el que una o

Ourobouros por A. Elezar, Donum Dei, Erfurt, 1735. Dominio Público.

dos serpientes o dragones alados se muerden sus respectivas colas.

Equilibrio en el ser humano

El canal lunar femenino y el solar masculino constituyen una expresión de la complementariedad. La cosmovisión andina representa dicha complementariedad mediante la pareja del *Illawi*. Ésta nos muestra a una mujer y un varón mirando en la dirección opuesta, y ambos amarrados por las serpientes *Koas* y *Asirus*. El *Illawi* simboliza, pues, la pareja completa. Así se nos informa sobre cómo de la unión entre ambos pares complementarios nace el equilibrio.

Illawi por Mintsi Griso. Inspirado en imagen similar del libro "Qhapaq Ñan" de Javier Lajo. Creative Commons.

Podemos ver una analogía de dicho equilibrio en el Sol y la Luna. Observados desde la Tierra, poseen un mismo tamaño, dado que todo y ser 400 veces más grande, el Sol se encuentra 400 veces más lejos que la Luna. Ello significa que ambos ejercen su influencia con el mismo grado de intensidad. La del Sol es activa, pues ilumina; la de la Luna es receptiva, pues refleja; y del equilibrio armónico entre ambos resulta la vida sobre este planeta.

La alquimia europea de la Edad Media nos expresa una simbología similar pero no idéntica. En este caso vemos a

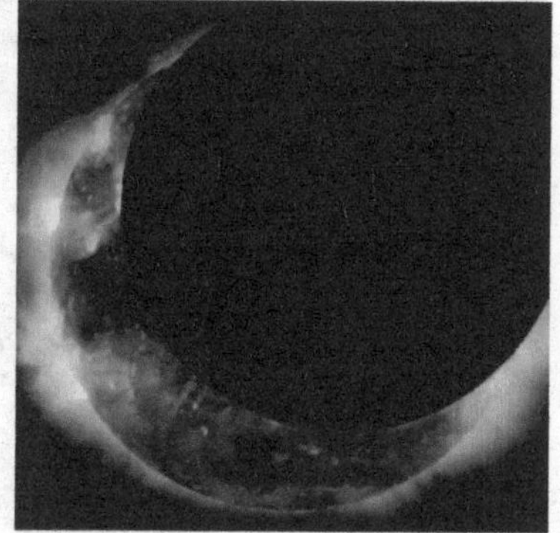

Eclipse Solar por Nasa. Dominio Público.

Manly Palmer Hall collection of alchemical manuscripts Volume Box 14. Dominio Público.

un ser andrógino de doble rostro, cada uno mirando hacia una dirección.

Frente al varón hay un árbol cuyo fruto es el Sol, en representación del *canal solar.* Frente a la mujer, otro árbol, cuyo fruto es la Luna, en representación del *canal lunar.* La mujer sostiene un dragón, en referencia a la naturaleza femenina de la *energía evolutiva del alma.* El varón sostiene al Sol y la Luna en conjunción, para simbolizar el equilibrio alcanzado entre dichas fuerzas complementarias. Bajo sus pies aparecen dos dragones de cuya boca fluye la energía vital que nutre las raíces de los olivos de que nos hablaba Zacarías.

Sin embargo existe una gran diferencia entre ambos símbolos. En la cosmovisión andina el hombre y la mujer se complementan, pero manteniendo su identidad. Para el andino la Creación surge de la unión complementaria entre el Padre Sol (*Taita Inti*) y la Madre Luna (*Mama Killa*), o entre el Padre Cielo (*Pachatata*) y la Madre Tierra (*Pachamama*). Mientras que en el dibujo alquímico, son un ser andrógino expresando ambos aspectos: masculino y femenino.

Complementariedad versus unidad andrógina

A diferencia de la visión andina, basada en la complementariedad, la alquimia europea tiende a hablarnos de una unidad andrógina. Así la alquimia reivindicaba durante la Edad Media que la divinidad poseía la doble manifestación de ser padre y madre, creador y creadora.

La tradición judeocristiana, antes de hablarnos del Dios Padre (*Jehová*), lo hizo de *Elohim*. Así se refiere Moisés a la divinidad en el libro del Génesis. La palabra *Elohim* deriva de unir «*Eloha*» (Diosa) con la terminación masculina plural «*im*». De ahí que

Elohim signifique "aquel que es Dios y Diosa" cuando referidos como par o "dioses y diosas" cuando la marca es plural.

A principios del siglo IV existían numerosos evangelios ofreciendo interpretaciones divergentes del mensaje de Jesús. Fue en el año 331 EC que el emperador romano Constantino pidió al obispo Eusebio de Nicomedia que compilara la primera versión de la Biblia actual, y sobretodo de aquellos evangelios que formarían parte del Nuevo Testamento canónico.

Once años antes, en el pueblo de *Nag Hammadi*, en las riberas del río Nilo, San Pacomio fundaba el primer monasterio cristiano. Al compilarse la Biblia oficial, aquellos evangelios que no fueron considerados canónicos pasaron a ser perseguidos, hecho que los convirtió en *apócrifos* (secretos).

Algunos de tales escritos, como el evangelio apócrifo de Juan, nos narran sucesos atribuidos a Cristo en los que él se refriere a la Divinidad no sólo como Padre sino también como Madre. De hecho la palabra madre aparece en dicho evangelio un total de 31 veces, frente a las 20 en que aparece la palabra padre.

Un total de 52 de tales escritos religiosos fueron escondidos por monjes de aquel primer monasterio cristiano en una cueva de *Nag Hammadi*. Así intentaban evitar que fueran destruidos por una Roma en decadencia que estaba interpretando a su gusto y conveniencia el mensaje de Jesús de Nazaret. Ello sucedía 36 años después de que Eusebio de Nicomedia compilara la Biblia oficial, la cual Roma estaba utilizando como piedra angular para convertir su imperio militar en imperio de la fe.

Dicho mensaje original está mucho más cercano a la visión andina basada en la complementariedad. Por ejemplo, en el prólogo del evangelio apócrifo de Juan está escrito:

El me dijo,
Juan, ¿porqué dudas?
¿Porqué tienes miedo?
¿No reconoces esta imagen?
No tengas miedo.
Yo estoy siempre con vosotros.
Soy el Padre
La Madre
El Hijo
Soy la pureza incorruptible.

Evangelio apócrifo de Juan. Traducido al inglés por Stevan Davis, y del inglés al español por el autor.

En todas dichas concepciones queda claro que para crear (Hijo), se necesita un equilibrio entre dos principios complementarios: uno masculino (Padre) y el otro femenino (Madre). Los antiguos egipcios los llamaron *Osiris* (Padre), *Isis* (Madre) y *Horus* (Hijo). Según los textos apócrifos, Jesús los llamó Padre, Madre e Hijo.

El cristianismo heredó la mayor parte de su doctrina del Antiguo Egipto. Sin embargo, con la llegada del patriarcado, se substituyó a la Madre por el Espíritu Santo. Sin Madre, y con un Espíritu Santo difícil de interpretar, la trinidad se convirtió en un misterio. Así es cómo nació el Misterio de la Santísima Trinidad.

Estados de desequilibrio

¿Cómo se reflejan tales estados de desequilibrio en el cuerpo sutil humano? En un estado de desequilibrio, la energía fluirá con mayor intensidad por un canal que por el otro.

Cuando sea el *canal lunar* el más activo, el sujeto tenderá a ser sensible y de naturaleza más bien femenina y pasiva. Si el desequilibrio se acusa, la sensibilidad se convertirá en hipersensibilidad hacia los comentarios de los demás, reconociendo difícilmente los errores propios, achacándolos siempre al otro o a circunstancias ajenas, imprevisibles y sobre las que no tenía control alguno. Al ser extremadamente emocionales, tales sujetos tenderán a hablar mucho, e intentarán ayudar al otro, aunque sus esfuerzos no siempre se traduzcan en una ayuda real y efectiva, pues parten de una situación en la que la Luna domina sobre el Sol.

En cambio, cuando sea el *canal solar* el más activo, el individuo tenderá a intelectualizarlo todo, incluidos sus sentimientos, siendo su naturaleza más bien masculina y agresiva. Si el desequilibrio se acusa, su necesidad por razonarlo todo le hará incluso arrogante, llegando a hablar poco, por no merecer la pena gastar palabras, a no ser que haya algún tema interesante a debatir. Y si lo hay, intentará ganar intelectualmente a su contrincante a través de la fuerza de su razonamiento.

Si tales individuos despertaran por accidente, o por fuerza de voluntad, a la *energía evolutiva del alma*, ésta ascendería por el canal más activo en ese momento. El sujeto podría llegar a confundir la experiencia con un despertar espiritual, pensando incluso que alcanzó la realización. De haber ascendido por el *canal lunar,* el sujeto se volvería aun más sensible, para sentirse aludido y agredido por cualquier comentario. De ser el *solar*, la arrogancia intelectual llegaría a extremos insostenibles. En ambos casos, la víctima de tal infortunio se creería que todo lo aprendió, todo lo sabe, y que, por lo tanto, nadie tiene nada que enseñarle.

Tal acontecimiento no sólo afectaría la relación del sujeto con los demás, sino que también podría poner en peligro su salud física, energética y mental. El efecto energético se notaría sobretodo durante la experiencia. El ascenso lateral de la *serpiente* vendría acompañado de espasmos y de una sensación de ardor intenso en las entrañas. Sería similar a hacer pasar una corriente de alto amperaje por un cable que no está preparado para ello. Con toda seguridad, el cable se quemaría.

De ahí que, al poco, empezarían a manifestarse los problemas físicos. Primero seguramente en los riñones, por constituir el primer órgano que encontramos en la ruta de ascenso. Posteriormente en el estómago. E iría afectando otros órganos vitales por el camino, a medida que toda esa energía mal canalizada busca una ruta por la que fluir. Los problemas aparecerían y desaparecerían, sin que doctor alguno les pudiera achacar una causa física. Ante tal situación, lo conveniente es intentar que la energía descienda, para desprenderse de ella por los pies, ofreciéndola a la Madre Tierra, en vez de dejar que siga ascendiendo y afectando órganos vitales como el corazón, la glándula tiroides o la pineal.

Mentalmente, el sujeto experimentaría un profundo desequilibrio, semejante al estado maniaco eufórico. De haber ascendido la serpiente por el *canal lunar*, la víctima de tal desdicha iría dando consejos a todo el mundo, intentando ayudar pero incapaz de ayudarse a sí misma. De haberlo hecho por el *canal solar*, se perdería en su mundo de especulaciones mentales, hasta el punto de volverse inaccesible a los demás, expresando los síntomas típicos del autismo. En ambos casos, se daría una clara desconexión con el mundo exterior.[1]

Muchas instituciones mentales albergan sujetos que despertaron accidentalmente a la *serpiente* sin estar preparados para ello. De ahí que algunas veces a *Sach'amama* o a su equivalente se la represente devorando a seres humanos. Ello lo observamos en los mitos de la Australia aborigen, en los que la *Serpiente del Arco Iris* (*Rainbow Serpent*) devora incluso a un pueblo entero cuando éste no respeta las leyes naturales; o lo vemos en numerosas imágenes de *Quetzalcóatl* (la Serpiente Emplumada), deidad Tolteca. También aparece en un grabado de las ruinas de Chan Chan, de la cultura chimú, surgida en el Norte de la costa del Perú hacia el 900 d. C. Otras veces, la simbología de la serpiente devorando a un ser humano hace referencia a la iniciación de éste ultimo en el conocimiento esotérico.

Quetzalcoatl.
Fuente: Codex Telleriano-Remensis.
Dominio Público.

Y es que el mito de *Sach'amama* no es únicamente andino-amazónico, sino que también está presente en culturas que habitaron las zonas costeñas del Pacífico. Constituye, por lo tanto, un mito del continente sudamericano y un conocimiento compartido por la mayoría de las culturas ancestrales del planeta.

En el siguiente gravado *chimú* de Chan Chan observamos a *Sach'amama* devorando a dos sujetos. Cada cabeza parece

1 Descripción inspirada en la obra de Satguru Sivaya Subramuniyaswami *Merging with Shiva*. 2004 Himalayan Academy. India.

representar un elemento de la complementariedad, la cual, en equilibrio, nos da el arco iris, con el *canal lunar* aportando el agua y el *solar*, la luz, para así proyectar el espectro de los siete colores. Simboliza una unión que, tal cómo vimos, tiene lugar en el centro energético del entrecejo, llamado por muchos "el tercer ojo".

Sin embargo, el desequilibrio se nos muestra como serpiente de dos cabezas devorando a dos seres humanos. Ya no es el ser andrógino, o el varón-hembra del *Illawi*, sino que ahora nos aparecen separados, y tristes, a juzgar por sus rostros. Tales imágenes deben ser siempre interpretadas como el reflejo en un espejo, pues constituyen una representación de nuestro cuerpo sutil. Por lo tanto, la derecha de la imagen simboliza la izquierda de nuestro cuerpo, y viceversa. Observamos, pues, cómo a la derecha la serpiente aparece devorando a una mujer, clara referencia al hecho de que el *canal lunar* femenino circula primordialmente por la izquierda del cuerpo. En cambio, a la izquierda de la imagen, aparece zampándose a un varón, para reflejar que el canal solar masculino circula principalmente por la derecha del cuerpo.

Ruinas chimú en Chan Chan, Perú por Juan Hidalgo. Copyright.

El canal central

Vemos que son muchas las tradiciones del mundo que nos advierten de los peligros de no lograr el equilibrio de nuestra complementariedad masculina—femenina. Sólo cuando la hayamos integrado, se nos abrirá el *canal central*, llamado *sushumnā* en yoga o *chong mai* en los diversos sistemas de la China ancestral. El *canal central* asciende verticalmente por la columna vertebral, desde el periné hasta la coronilla. Es por dicho canal que la *serpiente* debe ascender, si queremos evitar los anteriores infortunios, y no por uno de los canales laterales.

El sendero seguro

La cábala llama «camino del iniciado» a esa búsqueda constante del equilibrio entre los dos pares complementarios, para ir progresando ahora por el lado derecho del Árbol de la Vida, ahora por el izquierdo, y así encontrar el punto medio. Recordemos que *Sach'amama* significa justamente Madre Árbol, y ese árbol no es otro que

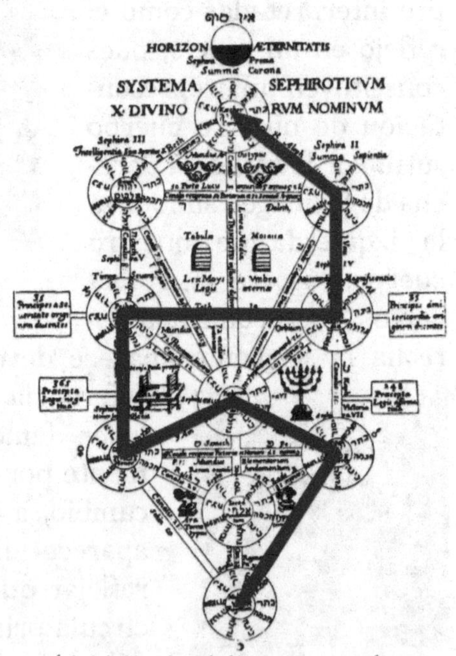

Árbol de la Vida Cabalístico. Fuente: Œdipus Ægypticus', 1652. Dominio Público.

el de la Vida, aquél que interconecta la Creación entera, para constituir un Todo.

El «camino del iniciado» es largo, pero es el más seguro. Éste nos ayuda a ir madurando espiritualmente, para que, el día en que se nos despierte la energía evolutiva del alma, hayamos alcanzado un estado de equilibrio interior que nos permita encauzar la energía por el canal central. Es el camino de la pareja, del matrimonio con nuestro complementario, para ir equilibrando cada una de las partes gracias a la convivencia mutua.

Aparte de esa búsqueda constante del equilibrio que se da en el entorno de pareja, también existen caminos que intentan alcanzarlo en solitario. La ciencia del yoga los distribuye en cuatro grandes senderos: el de la devoción hacia una expresión de la divinidad (*bhakti yoga*), el del trabajo sin apego a los frutos (*karma yoga*), el de la meditación (*raja yoga*) y el del análisis y el estudio de las escrituras (*gnana yoga*).

Dicho sendero, llevado a cabo en solitario y no dentro de la relación de pareja, simboliza el camino del monje, sea cristiano, budista o de cualquier otra religión. En todos ellos observamos una combinación de los cuatro caminos. El cristiano, por ejemplo, tiene en el rezo su acto devocional y meditativo; en las tareas del monasterio o de ayuda al necesitado, su trabajo sin apegos a los frutos; y en la lectura de la Biblia, el estudio de las sagradas escrituras.

El sendero rápido

Pero existe otra ruta, a la que el cabalista llama «camino del místico» o «sendero de la flecha» y que constituye el ascenso directo por los *Sefirot* centrales.

Una pareja puede practicarlo durante el acto sexual, siempre y cuando ambos aprendan a dirigir la energía sexual hacia los centros energéticos superiores, en vez de disiparla, es decir, eyacular. Constituye la llamada sexualidad sagrada, la cual, para que realmente sea sagrada y no una excusa hacia la promiscuidad, debe practicarse en el entorno estricto de una pareja estable, entre dos personas que se amen y cuyas energías sean complementarias.

Cuando el *«sendero rápido»* se practica en pareja, las energías tienden a complementarse y armonizarse de manera natural. Ello permite que se cree una especie de generador espiritual, en el que la energía del *canal lunar* circula de cabeza a genitales en el hombre y de genitales a cabeza en la mujer y la solar, en el sentido opuesto. Así hasta que se produce una explosión en el centro del periné de ambos, a partir de la cual la energía sexual empieza a ascender por

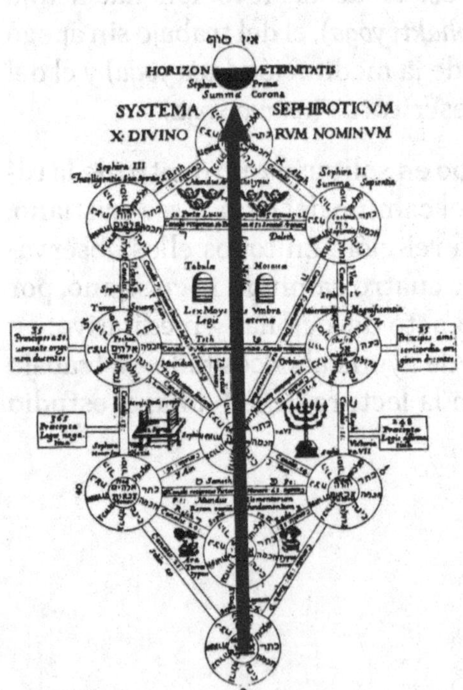

Árbol de la Vida Cabalístico. Fuente: Œdipus Ægypticus', 1652. Dominio Público.

sus respectivos *canales centrales* y a transmutarse a medida que asciende.

Tal práctica no es sexual, pues de estarse practicando correctamente no requiere penetración, ni tan siquiera la necesidad de desvestirse. Constituye un intercambio puramente energético que puede lograrse con el mero roce, sin tan siquiera necesidad de estar sexualmente excitado. En caso contrario, cuanto más sexual se vuelva, más probabilidades hay de que se acabe disipando la energía, quedándose el éxtasis múltiple alcanzable por ambos en una mera eyaculación y la posterior pérdida de energía vital.

Shiva Shakti por Alice Popkorn. Creative Commons

También existe la opción de tomar el *«sendero rápido»* en solitario. Éste sólo es recomendable para aquellos que hayan integrado plenamente los aspectos masculinos y femeninos de su personalidad. De no haberlo logrado, se recomienda transitarlo en el entorno de una pareja estable y, de no tener pareja, seguir el *«sendero seguro»* en solitario.

Las técnicas vinculadas al «sendero rápido» en solitario buscan acelerar el proceso evolutivo, para forzar el despertar de la serpiente, en vez de esperar a que ésta lo haga por sí misma.

Yakumama

En la mitología andina y amazónica, el sendero corto parece venir representado por otra serpiente: *Yakumama*, palabra que literalmente significa «Madre Agua». Cuentan los mitos que al ascender del mundo inferior (*Ukhu Pacha*), para emerger en el plano terrenal (*Kay Pacha*), Yakumama se transforma en un gran río y, una vez alcanzado el plano celestial (*Hanan Pacha*), se transmuta en el *Dios Illapa* (Dios de las aguas), el cual se compone de tres elementos: el trueno (sonido), el rayo (luz) y el relámpago (resplandor).

El agua suele ser una alusión a la energía vital, la cual es de tipo sexual cuando fluye por los centros energéticos inferiores, pero se va transmutando a medida que asciende. Se transforma como el agua que se evapora, para hacerse más sutil, y ascender hacia el cielo.

La combinación de los tres elementos, trueno, rayo y relámpago, simboliza la experiencia mística de la trascendencia. De manera similar, en *yoga*, también describe tal experiencia a tres niveles, mediante el término *Satchidananda*, donde *Sat* significa existencia, *chid* es conocimiento y *ananda*, gozo.

Conclusión

El *canal central*, de polaridad neutra, se abre de forma más o menos definitiva una vez alcanzado el equilibrio perfecto entre los dos pares complementarios. Puede alcanzarse temporalmente cuando tal equilibrio fue en cierto modo forzado mediante la práctica de ciertas técnicas o cuando, de manera espontánea, nos sentimos en equilibrio, y una sensación de gozo recorre nuestro cuerpo.

Si estando abierto, se logra despertar al *Amaru*, anaconda sagrada o *Kundalinī*, la energía de la serpiente empezará a ascender por él, haciendo que emita un radiante color dorado, tal como nos recuerda la leyenda de la que nos habla el siguiente capítulo.

§

Repaso del capítulo 1

Las respuestas correctas se hallan en la página 54.

1) ¿Qué nombre recibe en quechua el Mundo de Arriba?

A Ukhu Pacha

B Kay Pacha

C Hanan Pacha

D Taripay Pacha

---

2) ¿Qué nombres recibe la energía evolutiva del alma?

A Kundalini Shakti

B Amaru

C !Kia

D Sushumna

---

3) ¿Qué otros nombres recibe el canal lunar?

A Pingala

B Ren mai

C Ob

D Od

---

4) ¿Cómo llama el yoga a los canales energéticos del cuerpo humano?

   A Meridianos

   B Nādīs

   C Chakras

   D No tiene un nombre para ellos

---

5) ¿En qué culturas encontramos la simbología de la serpiente devorando a un ser humano?

   A Chimú, del Perú

   B Aborigen Australiana

   C Polinesia

   D Tolteca, Mexica

---

6) ¿Qué le pasaría a aquel que experimentara un despertar de su *Kundalini*, si éste ascendiera por el canal solar?

   A Se volvería hipersensible

   B Se perdería en su mundo de especulaciones mentales

   C Se iluminaría

   D Nada

---

7) ¿Cuál de las siguientes prácticas puede entrañar serios riesgos si no se practica bajo la supervisión de un maestro?

A El camino del iniciado de la cábala

B La práctica del kundalini yoga

C La devoción (*bhakti yoga*)

D La meditación (*raja yoga*)

---

8) La imagen que aparece abajo es:

A Alquímica

B Tántrica

C Andina

D Egipcia

---

9) ¿Qué une la Tierra con el Cielo?

A La Escalera de Jacob

B El Árbol de la vida

C Sach'amama

D Los chakras

---

10) ¿Qué religiones, prácticas, filosofías o culturas equipararon el mundo de abajo al mal?

A La Tántrica

B La Cristiana

C El Chamanismo

D La Inka

---

11) ¿Qué creencias de las que aparecen en la lista afirman que "para acceder al mundo de arriba, uno debe primero visitar el mundo de abajo"?

A Tolteca

B Tántrica

C Chamánica

---

12) ¿Qué es el *Illawi*?

A Una leyenda andina

B Una representación andina de la dualidad

C Una representación andina de la complementariedad

D La pareja andrógina andina

---

13) ¿Qué simbolizan las siete lámparas de las cuales nos habla Zacarías?

A El Memorá

B Los siete chakras

C Los siete circunvalaciones que un musulmán da a la Meca

D Los siete pecados capitales

---

14) ¿A quién se le atribuyen las siguientes palabras?

«Ella se convirtió en el vientre de Todo porque Ella lo antecede todo, es la Madre-Padre, el primer ser humano, el Espíritu santo.»

A A Ireneo de Lyon, conocido como San Ireneo, gnóstico del siglo II

B A Ramon Llull, filosofo y alquimista mallorquín del siglo XIII

C A Jesús, según el Evangelio Apócrifo de Juan encontrado en Nag Hammadi en el año 1945.

D A Pedro de Buys, hereje francés del siglo XII

---

15) Aquel que puede distinguir y desplazarse conscientemente entre los dos mundos es un chamán, mientras que aquel que mezcla, sin ser capaz de distinguirlos, solemos etiquetarlo de:

A Bobo

B Drogadicto

C Esquizofrénico

D Genio

---

16) ¿Qué representa el Arco Iris?

A El resultado de la unión armónica entre opuestos

B El cuerpo sutil humano

C El símbolo de la paz

D La unión de aire y fuego

---

17) La imagen de abajo simboliza una serpiente de origen:

A Amazónico

B Aborigen australiano

C Del Kalahari Africano

D Mapuche

---

18) ¿Cuáles constituyen formas de expresar la experiencia de la trascendencia?

A Trueno, rayo y relámpago

B Omnipresencia, omnisciencia y omnipotencia

C Virtud, honor y fuerza

D Existencia, conocimiento y gozo

---

19) ¿Cuáles son formas de referirse al canal central?

A *Sushumnā*

B Vara de Esculapio

C *Chong mai*

D Canal luni-solar

---

20) ¿Con qué nombres puede uno referirse a la energía evolutiva de alma?

A La anaconda sagrada

B *Kundainī shakti*

C La serpiente del Arco Iris

D El *Amaru*

E *Yakumama*

---

21) ¿Qué le sucede a un árbol que no crece hacia abajo tanto como lo hace hacia arriba?

Por Brenda Starr. Licencia Creative Commons

A Que alcanza la gracia divina

B Que se cae a la menor brisa

C Que se queda sin raíces

D !Los árboles no crecen hacia abajo!

---

22) ¿Qué es el mal respecto del bien?

A Su complementario

B Su dual

C Su opuesto

D Su igual

---

23) ¿La palabra «hereje» procede del griego '*haireses*' y viene a significar?

- **A** El que causa el mal, en oposición a aquel que solo hace el bien
- **B** El que miente, a diferencia de aquel que siempre dice la verdad
- **C** El que elige su camino, en contraste a aquel que toma el sendero que le viene dado
- **D** El que escucha al Diablo, frente a aquel que sólo escucha a Dios

---

24) ¿Porqué Sach'amama tiene dos cabezas?

- **A** Para simbolizar los dos mundos: el de arriba y el de abajo
- **B** Para simbolizar que reconocemos en el otro a un igual
- **C** Para simbolizar la complementariedad perfecta
- **D** Para simbolizar el camino de ascenso y el de descenso

---

25) ¿Qué simbolismo original tuvo la imagen de abajo?

- **A** El bien venciendo sobre el mal
- **B** Un águila devorando una serpiente
- **C** Materia y espíritu en equilibrio sobre el árbol de la vida

---

26) ¿Qué chakra está representando la imagen de abajo?

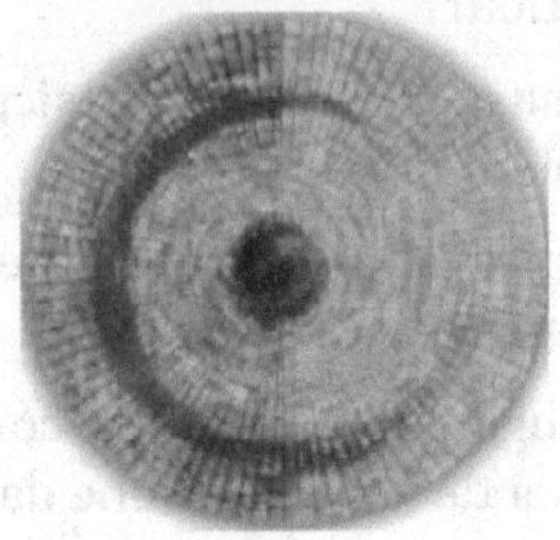

A El tercer ojo

B El del corazón

C El del ombligo

D El del perineo

---

27) Relaciona cada etiqueta con su posición correcta

A Canal Solar

B Ida

C Sushumna

D Tercer ojo

Solución a las preguntas del capítulo 1

1) **C**
2) **A - B - C**
3) **B - C**
4) **B**
5) **A - B - D**
6) **B**
7) **B**
8) **C**
9) **A - B - C**
10) **B**
11) **A - B - C**
12) **C**
13) **A - B - C**
14) **C**
15) **C**
16) **A - B**
17) **B**
18) **A - B - D**
19) **A - B - C**
20) **A - B - C - D - E**
21) **B - C**
22) **B**
23) **C**
24) **A - B - C - D**
25) **C**
26) **A**
27) **1C, 2D, 3B, 4A**

Capítulo 2

Registros en las Leyendas

El inka Manco Capac. Acuarela en copia de crónica del mercedario Martín de Murúa.

La leyenda

Narra la leyenda que el Padre Sol (*Tayta Inti*), viendo el estado de penuria en el que vivían los seres humanos, se apiadó de ellos e hizo emerger de entre las aguas del lago Titicaca a sus dos hijos: Manco Cápac y Mama Ocllo. A ellos les dio un bastón de oro y les dijo:

> *"Dirigíos en la dirección que deseéis para civilizar a los pobladores y, a medida que vayáis avanzando, clavad esta vara de oro para, allí donde se hunda de un solo golpe, fundar la capital del futuro estado".*

Continúa la leyenda informándonos cómo los dos hermanos partieron en dirección noroeste y por allí por donde pasaron clavaron el bastón de oro para ver si se hundía. Finalmente llegaron al cerro de *Huanacauri*, cerca del valle que posteriormente se transformaría en la ciudad de Cusco, capital del *Tawantinsuyu* o Estado Inka. Allí la vara se hundió sin mayor dificultad para entonces desaparecer.

Una segunda leyenda, similar a la anterior, ubica históricamente los hechos, al especificar que éstos tuvieron lugar justo después del Diluvio. Y que

> *"Cesadas las aguas, se apareció un hombre en Tiahuanacu (antigua civilización situada al lado del lago Titicaca) que fue tan poderoso que repartió el mundo en cuatro partes y las dio a cuatro hombres que llamó Reyes: el primero se llamó Manco Cápac y a él le dio la tierra ubicada en el norte."*

Ambos relatos nos llegan de la mano del inka Garcilaso de la Vega (1539-1616), quien los publicaría en Lisboa en el año 1609 como parte de su obra *Comentarios reales de los inkas*. Garcilaso menciona que la primera de las leyendas le fue transmitida por su tío, de descendencia inka pura, y la segunda, por los nativos de las regiones Sur (*Collasuyu*) y Oeste (*Cuntisuyu*).

Hay quienes argumentan que Manco Cápac y Mama Ocllo son personajes mitológicos, que no existieron en realidad. De ser así, son tan míticos como Adán y Eva. La versión oficial de la historia afirma que hubo un Manco Cápac, fundador de la primera dinastía inka, quien aparentemente vivió hacia el siglo XIII. Sin embargo, en ese caso, podría haber sucedido que un monarca inka tomara el nombre del Manco Cápac mitológico, o que se acabara confundiendo mito con realidad, o que realmente existiera un Manco Cápac histórico, pero que hubiera vivido mucho antes. Por ejemplo, la referencia al Diluvio Universal (*Unu Pachacuti*) en el segundo de los relatos nos indica que estamos hablando de unos sucesos que seguramente acontecieran mucho antes del siglo XIII.

Manco Capac y Mama Ocllo. Dominio Público.

En todo caso, independientemente de que existieran o no como personajes reales, o que se queden en lo mítico, la leyenda posee un significado alegórico, el cual trataremos de elucidar a continuación.

Manco Capac en el Brooklyn Museum. Dominio Público.

Un posible significado

La pareja de monarcas hermanos, Manco Cápac y Mama Ocllo, constituye una clara referencia a la complementariedad hombre—mujer, la cual es la base del pensamiento andino en el que tanto han profundizado autores como Javier Lajo.

Son el Adán y Eva andinos, y una clara alegoría de los dos canales, el *solar* y el *lunar*. La vara de oro representaría el *canal central*, dado que dorado es el color que se observa cuando el *Amaru* asciende por el mismo. Partiendo de dicha interpretación de la leyenda, vamos a ver si los restantes elementos del relato encajan.

Empecemos, pues, comentando que el sanador energético andino (*Chumpi Paq'o*) llama *siqi ñawi* al centro energético del periné. El andinismo, así como muchas otras tradiciones, vincula dicho centro a la figura de la serpiente. Lo mismo vimos que hacía el tantrismo al hablarnos de la *Kundalinī*, la cual reside en *muladhara*, o *chakra* del periné. En la tradición andina a esa serpiente se la llama *Amaru*, quien representa tanto la *energía evolutiva del alma* en el ser humano, como una manifestación de las fuerzas telúricas que brotan de la tierra. Como fuerza telúrica, el *Amaru* equivaldría a la *Kundalinī* de la Madre Tierra (*Pachamama*).

Las leyendas inkas sobre sus orígenes tal vez difieran en el relato, pero muchas de ellas se ponen de acuerdo en considerar el lago Titicaca como punto de partida. Se trata de un "lugar del que nace la vida", una *pakarina* como la llaman en los Andes,. De ahí su condición de lago sagrado.

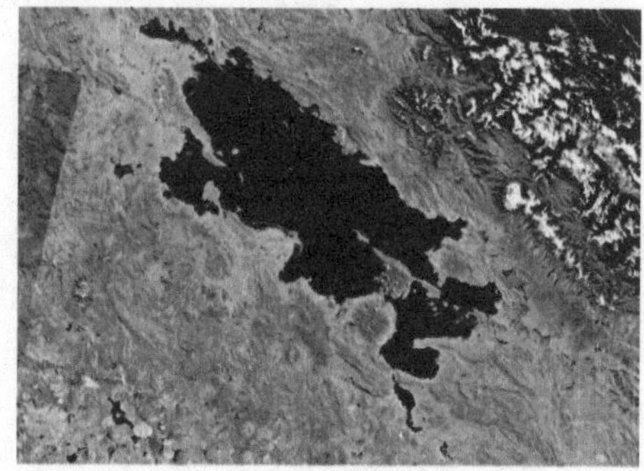

Lago Titicaca.

Lo vimos en la leyenda de Manco Cápac y Mama Ocllo, quienes emergieron de sus aguas. El lago nos volvió a aparecer en la segunda leyenda, la cual nos habla de Tiahuanaco, lugar de una antigua civilización preínca y ubicada a orillas del lago, en la actual vertiente boliviana. También lo observamos en una tercera leyenda, la del Dios Creador (*Wiracocha*), quien emergió del mismo lago para ordenar que desde las islas del Sol y de la Luna, localizadas ambas en el interior del Titicaca, se alzaran respectivamente el Padre Sol (*Tayta Inti*) y la Madre Luna (*Mama Quilla*).

Centros energéticos geográficos

El Periné Geográfico

El *Amaru* se refiere tanto a la energía evolutiva de un individuo, como a la energía telúrica de la Tierra. Por ello, si Manco Cápac, Mama Ocllo y la vara de oro constituyen representaciones alegóricas de los canales *solar, lunar* y *central*, respectivamente, resulta lógico esperar que su punto de partida (el Titicaca) represente, para la cultura andina, el centro energético del periné de la Pachamama y los Andes, su espina dorsal. Las pruebas que parecen confirmar dicha hipótesis son muchas, tal como se detalla a continuación:

- La consideración del Titicaca como lugar del que nace la vida (*pakarina*), punto de origen de muchas de las leyendas andinas sobre los orígenes y la creación. El centro energético del periné, ubicado al lado de los genitales, constituye también el lugar del que nace la vida, *la fundación* (*Yesod*), tal como lo llama la Cábala. Observamos en el vocablo *pakarina* el arquetipo de las aguas primordiales, presente en tantas tradiciones.

- Así como el tantrismo vincula el centro energético del periné (*chakra muladhara*) al elemento *tierra*, el sanador energético andino lo vincula al elemento *agua*, reservando tierra para el centro energético del ombligo. De ahí la relación entre el lago Titicaca, el agua y el centro del periné.

- En el *centro del periné la energía evolutiva del alma* (*Kundalinī o Amaru*) duerme latente, a la espera de ser despertada, para dar así continuidad al proceso evolutivo. ¡Qué mejor para representar tal cantidad de energía latente (cinética) que una masa de agua de las dimensiones del Titicaca a 3.812 metros de altitud! De hecho, el agua era originalmente de mar, pues el lago se alzó durante los movimientos sísmicos que crearon la cordillera. Y ésta aun conserva parte de su salinidad original, al igual que la sangre conserva la salinidad del pez que emergió del océano para ponerse a andar sobre la tierra.

- En el lago Titicaca hay dos islas cuyos nombres son: isla del Sol e isla de la Luna, una clara alusión geográfica a los canales solar y lunar, y posible punto telúrico de partida de los mismos.

El ombligo geográfico

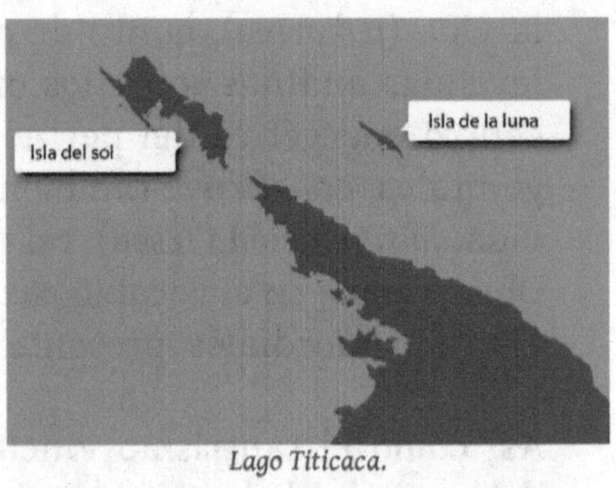

Lago Titicaca.

De constituir el lago Titicaca un equivalente terrestre al centro energético del periné, parece lógico pensar que también existan puntos geográficos vinculados a los restantes centros energéticos. Así, el sanador energético andino considera como siguiente centro energético el *Qosqo ñawi*, que literalmente significa "Ojo del Ombligo".

El tantrismo llama a dicho centro *chakra manipura* (Rueda de la Ciudad de Joyas). ¡Qué otro ombligo o que otra ciudad de joyas ha habido en los Andes sino la ciudad del Cusco (*o Qosqo*), cuyo nombre significa literalmente ombligo! ¿No dicen acaso los cusqueños que su ciudad constituye el ombligo del mundo?

Así como el tantrismo vincula el centro energético del ombligo al elemento *fuego*, el andino le vincula el elemento *tierra*. Ambos coinciden, sin embargo, en considerar que el color predominante de dicho centro es el rojo, como roja es la tierra que rodea a la ciudad del Cusco. Se trata de tierra arcillosa procedente de la lenta descomposición de la lava de antiguos volcanes, el mismo tipo de arcilla que se encuentra en muchas antiguas zonas volcánicas del planeta.

El canal central geográfico

Hemos identificado, pues, una potencial ubicación del segundo centro energético: la ciudad del Cusco. Pero, si ambos puntos constituyen centros energéticos de América, también resulta lógico esperar que haya un canal que los una, un equivalente al *canal central* que en el ser humano une el centro del periné (*siqi ñawi*) con el del ombligo (*qosqo ñawi*).

Para encontrar alusiones a dicho canal central, debemos primero buscar en las crónicas de Juan de Betanzos y Cristóbal de Molina. En ellas se relata cómo *Wiracocha* fue también un profeta que visitó estas tierras en tiempos antiguos. Partiendo del Titicaca, lugar en el que se apareció, siguió la ruta hacia el Cusco, posteriormente hacia Cajamarca, para desaparecer a la altura de Mantas. A tal camino se lo conoce bajo el nombre de "La Ruta de Wiracocha" o *Qhapaq Ñan* (Camino de los Justos).

Dicha ruta parece ser una alusión a un posible *canal central* de América del Sur, el cual une sus centros energéticos geográficos. Habrá quien argumente que la ruta seguida por un antiguo profeta no tiene por qué hacer referencia a la existencia de un canal energético terrestre. Por ejemplo, nadie piensa que los pasos seguidos por Buda, Cristo o Mahoma hagan alusión a tales tipos de líneas geomagnéticas.

Tal argumento en contra sería valido si no fuera por que María Scholten, matemática holandesa que radica en el Perú, nos hizo notar en su momento que los puntos geográficos anteriormente mencionados se encuentran sobre una diagonal que forma un ángulo de 45º con el eje Norte-Sur. María también nos comenta que la palabra "diagonal" en quechua es *Ch'ekkaluwa*, cuya primera parte, *Ch'ekka*, significa Verdad. La diagonal simboliza, pues, una "línea de la verdad", aquella que surge de la unión armónica entre dos complementarios: la horizontal (mujer) y la vertical (varón), o lo que es lo mismo, el equilibrio entre el canal lunar y el solar.

Javier Lajo, en su libro *Qhapaq Ñan, la ruta inka de sabiduría*, desarrolla ampliamente el concepto de diagonal, para informarnos de cómo ésta constituye el único elemento común entre un círculo y un cuadrado inscrito en el mismo. Partiendo del hecho de que, en la cosmovisión andina, el círculo representa a la *Pachamama* (Madre Tierra) y el cuadrado a *Pachatata* (Padre Cosmos), Javier nos explica cómo simbólicamente la diagonal representa el elemento común entre ambos, aquél que surge de su equilibrio entre pares complementarios. Tal diagonal constituye el *Qhapaq Ñan*, o Camino de los Justos, de aquellos que han logrado alcanzar tal equilibrio, y abrir su *canal central*. *Ñan* significa 'camino', mientras

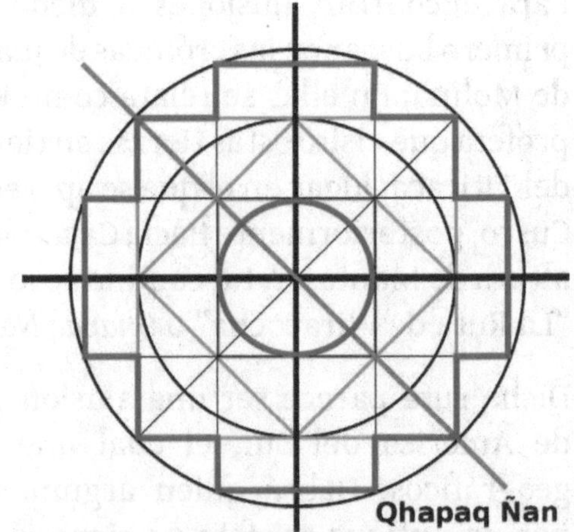

Imagen inspirada en la obra de Javier Lajo: "Qhapaq Ñan, la ruta inka de la sabiduría".

que *Qhapaq*, en *pukina*, ancestro del quechua, significa 'noble' o 'justo'.

María Luisa Rivara de Tuesta,[1] en una nota de la presentación del libro de Javier, comenta que:

> *Qhapaq Ñan se refiere al camino que une ciudades que están ubicadas longitudinalmente a lo largo de la cordillera de los Andes, pero también al mítico túnel o chinkana que uniría dichas ciudades con un conocimiento o "sabiduría subterránea" o secreta.*

Ello parece confirmar que el mítico túnel no es otro que un posible canal energético central del planeta, por lo que no debe ser interpretado como túnel en el sentido literal de la palabra.

Las Tres Puertas

La existencia de más paralelismos con las tradiciones tántrica y taoísta nos permite seguir descodificando la leyenda. Así, el tantrismo sabe que en su ascenso, la *Kundalinī* debe romper tres nudos: *Brahma granthi*, *Vishnu granthi* y *Rudra granthi*. El taoísmo los llama respectivamente: *puerta inferior*, *puerta intermedia* y *puerta de jade*. El primero de ellos (*Brahma granthi o nudo del creador*) está ubicado entre el centro energético del periné (*chakra muladhara*) y el del ombligo (*chakra manipura*).

Tanto el *kundalinī yogui* (varón) o *yoguini* (mujer) como el practicante de *Qi Gong* saben que, si logran despertar a la

1 Fallecida profesora emérita en la Universidad Nacional Mayor de San Marcos

serpiente, para que ascienda por el *canal central*, su siguiente reto será hacer que atraviese el primer nudo o puerta. Muchas veces sucederá que la energía evolutiva, en su camino ascendente, se topará con el nudo, por lo que regresará y volverá a enroscarse en el centro energético del periné. En cambio, si logra atravesar tal obstáculo (*Brahma granthi*), pero no el siguiente (*Vishnu granthi*), ubicado entre el centro energético del ombligo y el del corazón (*anahata chakra*), la energía se estabilizará en el ombligo.

Recuperando la leyenda de *Manco Cápac* y *Mama Ocllo*, observamos cómo ésta nos cuenta que la vara de oro se clavó en la cima de un cerro llamado *Huanacauri* y que, según la tradición inkaica, está vinculado al arco iris. El arco iris suele ser una alusión al cuerpo sutil o alma, dado que es en dicho cuerpo en el que están ubicados los distintos centros energéticos. Recordemos que otra posible analogía es la del *Menorá* o candelabro de siete brazos del judaísmo.

Tales alegorías se deben a que, cuando un clarividente percibe el cuerpo sutil, lo ve como un caleidoscopio de luces y colores, con siete centros energéticos mayores. Son como los siete colores del arco iris, surgidos de la unión paritaria entre la luz (Sol, Cielo, Fuego) y la lluvia (Luna, Tierra, Agua). Es decir, son el resultado del punto de encuentro entre los dos canales laterales, de cuya intersección nacen los siete centros energéticos mayores. Qué no nos extrañe pues que la bandera del *Tawantinsuyu* ostente precisamente los colores del arco iris.

Calle Pumacurco, en el Cusco por Marc Torra. Creative Commons.

Interpretación

Una vez combinada la información procedente de las distintas leyendas, ésta sería una posible interpretación:

El Diluvio Universal

Después del diluvio la humanidad se encontró viviendo en el puro estado de supervivencia. Éste no consistió en un único evento, sino en el deshielo gradual de los glaciares acumulados a altas latitudes y altitudes durante los miles de años de glaciación que justo tocaban a su fin. La mitad de Europa y Norteamérica estaban cubiertas por dos quilómetros de masa helada. Dicho hielo empezó a derretirse una vez alcanzado el máximo glacial de hace 20 mil años. Al principio fue un deshielo gradual, que empezó a acelerarse hace ahora 15 mil años, momento en el que ubico el inicio de la Era del Diluvio.

Dicha Era duraría aproximadamente 5 mil años, siguiendo los ciclos descritos por culturas tan diversas como la aborigen australiana, las diversas civilizaciones del Anáhuac (olmeca, maya, mexica, hopi o zapoteca), y la inka, entre otras. Todas ellas nos hablan de periodos de unos 5 mil años, al final de los cuales entramos en un nuevo sendero del soñar (aborígenes australianos), un nuevo sol (mexicas), o un nuevo mundo (inkas, mayas, hopis). Ello no significa que el anterior mundo se destruya, sino que se da un cambio de la consciencia.

Durante el deshielo hubieron momentos en los cuales los glaciares se colapsaron de manera acelerada, fuera a causa de un terremoto o por la erosión de su base por el agua discurriendo en su interior. Otras veces sucedía que una barrera natural, la cual había hecho de dique de un lago o del mar, cedía, llevando a que amplias zonas fueran inundadas de la noche a la mañana.

Dichos fenómenos eran localizados. Sin embargo, la Ciencia también ha registrado periodos durante los cuales el efecto se sintió globalmente, llevando a incrementos acelerados en los niveles de los océanos. A estos segundos se los ha llamado

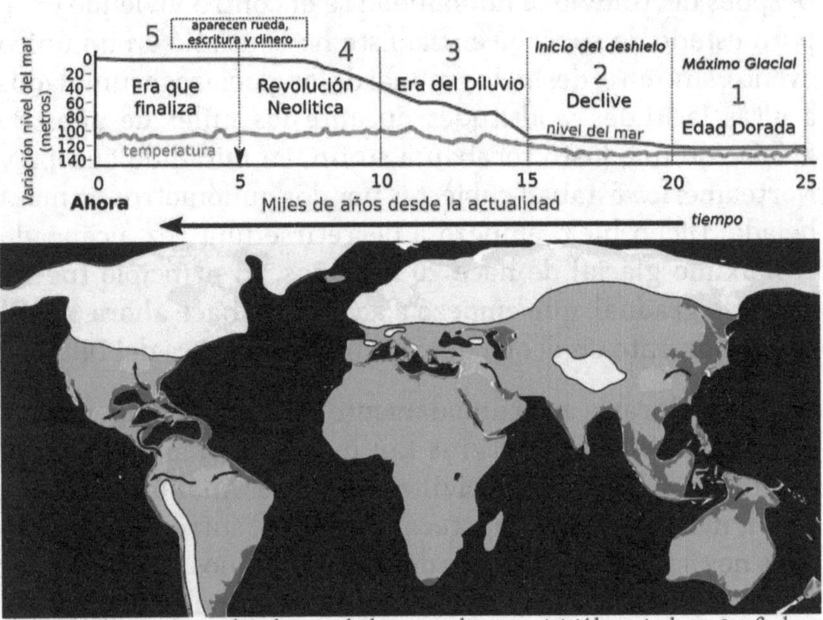

Mapa del último máximo glacial. En verde, lugares en los que se inició la agricultura. Las flechas indican posibles rutas seguidas por aquellos que huyeron de zonas anegadas por las aguas.

meltwater pulses o eventos de deshielo acelerado. Se sabe que hubo como mínimo tres, y que tuvieron lugar hace aproximadamente 12 mil, 10 mil y 8 mil años.

Tanto los eventos localizados como los globales generaron situaciones dramáticas. Cuando se dieron de forma localizada, estos llevaron a que valles fluviales enteros amanecieran anegados por las aguas. Cuando fueron globales, causaron que amplias zonas costeras desaparecieran gradualmente bajo las olas, con el consecuente éxodo de la población que vivía junto al mar.

Alusiones al periodo diluvial nos aparecen en centenares de leyendas procedentes de todas las culturas del planeta. Simbolizó una Era durante la cual gran parte de la humanidad se vio forzada a vibrar al nivel del centro energético del periné, para garantizar así su propia subsistencia.

La población del momento huyó de la costa para refugiarse en las montañas. Los valles fluviales también fueron abandonados, al convertirse éstos en extensos lagos. Muchos supervivientes se resguardaron en cuevas, formando aquello que se ha interpretado como pequeñas comunidades paleolíticas. Otros se pusieron a cultivar terrazas en las laderas de las montañas.

Revolución neolítica

La disminución en intensidad del deshielo y la menos frecuente inundación de los valles fluviales permitió el retorno gradual de la agricultura. Constituye un periodo llamado 'revolución neolítica' por la historia oficial. No debe pues resultar extraño que los puntos en los que renació de nuevo la agricultura se hallen relativamente cerca de grandes extensiones costeras que quedaron anegadas por el mar.

Terrazas de cultivo en Pisaq, Valle Sagrado de los Inkas.

A medida que se iba consolidando la revolución neolítica, los centros urbanos empezaron a proliferar. Algunos de ellos crecieron hasta convertirse en ciudades-estado. Entonces muchas de tales ciudades se agruparon, bien fuera de forma voluntaria o por medio de las armas, para constituir civilizaciones e 'imperios'.

El paso de un estado de supervivencia a uno en el cual podemos expresar nuestra voluntad de crear y hacer, y no tan sólo de subsistir, está vinculado a la traslación de la consciencia colectiva desde el centro energético del periné al del ombligo. Ello no significa que toda comunidad que viva de la caza y la recolección lo esté haciendo al nivel del centro energético del periné. Muy al contrario, cuando tal comunidad vive en armonía con el medio y sin la necesidad constante de transformar su entorno, es que está vibrando al nivel de los centros superiores.

¿Es eso una paradoja? no si recordamos cómo en el símbolo del *ouroboros,* la serpiente se muerde la cola, de forma que cola y cabeza se encuentran. O de manera similar, si tenemos en cuenta que musicalmente a la nota «La» le sigue un nuevo «Do», pero en la octava inmediatamente superior.

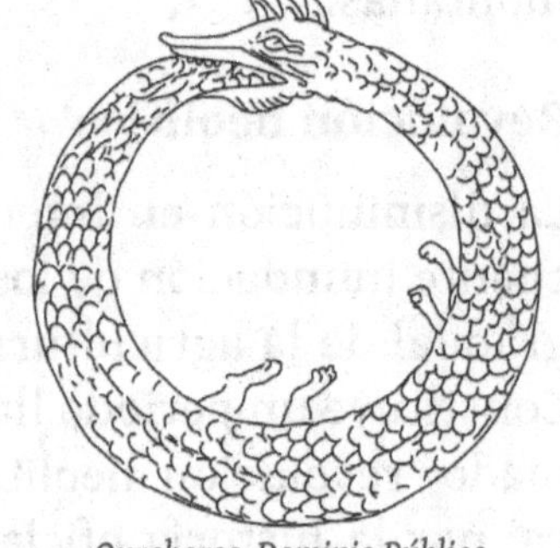

Ouroboros. Dominio Público

Por ello, opino que la mayoría de comunidades 'tribales' del pasado, y las que aun puedan existir, suelen vibrar al nivel de los centros energéticos superiores, muy cerca del Do de la siguiente octava. A dicho nivel vibraban antes de que fueran asimiladas por la supuestamente llamada "sociedad civilizada". Ello no significa que todos sus integrantes hubieran alcanzado los centros superiores, pero si que se regían (y rigen las que aun pueden) por unos valores y principios propios de los chakras superiores. También implica que solían escoger como líderes a aquellos que por su sabiduría, si los habían alcanzado.

En el caso andino

En América del Sur, la superación de tal estado post-diluvial, al que se refieren las leyendas andinas, parece haber quedado simbolizado en la migración, desde el lago Titicaca (centro energético del periné), hasta el Cusco (centro energético del ombligo), la cual se dio por una ruta de los sabios (*Qhapac Ñan*), que como canal central discurre por la columna vertebral de la *Pachamama* (Cordillera de los Andes).

De ello nos habla Garcilaso de la Vega en su obra "*Comentarios reales de los inkas*" cuando dice:

> *"donde aquella barra se les hundiese con solo un golpe que con ella diesen en tierra, allí quería el Sol Nuestro Padre que parasen e hiciesen su asiento y corte".*
>
> *Inka Garcilaso de la Vega, Comentarios reales de los inkas.*

Allí se estableció la capital de una civilización la inka, que floreció y trajo prosperidad y paz a aquellas tierras, como tan bien nos explica Garcilaso. Sin embargo, para posibilitar tal acenso de la consciencia, tal utopía social, primero tuvo que alcanzarse un cierto estado de equilibrio entre los dos canales laterales o pares complementarios, simbolizados en la leyenda por Manco Cápac (canal solar) y Mama Ocllo (canal lunar). De ahí que la leyenda nos los describa como hermanos y a su vez como marido y mujer, sin que ello tenga nada que ver con el incesto. Con su matrimonio se nos está comunicando alegóricamente que dos iguales (hermanos) alcanzaron la complementariedad perfecta.

Ello es especialmente relevante en la cosmovisión de los pueblos andinos, los cuales no conciben algo sin su correspondiente par. Vengan expresados como *Pachamama*

(Madre Tierra) y *Pachatata* (Padre Cielo), como *Taita Inti* (Padre Sol) y *Mama Killa* (Madre Luna), como marido y mujer, o como la parte inferior y superior de un *ayllu* (comunidad), en el universo andino la Creación es hija de la Complementariedad.

El canal central viene simbolizado por la vara de oro. El ascenso del *Amaru* nos la comunica la migración desde el Lago Titicaca al Valle del Cusco, siguiendo instrucciones del Padre Sol. Mientras que la superación del primer nudo (*Brahma granthi*) vendría a ser el hecho de que la vara se clavara al primer intento en el cerro Huanacauri, vinculado al arco iris. Allí la energía evolutiva colectiva del Tawantinsuyu alcanzó su siguiente centro energético, para entonces estabilizarse en vez de volver a enroscarse en el periné.

Llegado a dicho punto, hacía falta que tal nivel de la consciencia colectiva pudiera seguir evolucionando, hasta alcanzar el siguiente centro energético, el del corazón y superar así el segundo nudo. Los inkas hicieron todo lo que estuvo en sus manos para facilitar tal ascenso de la consciencia. Para alcanzarlo se valieron del urbanismo, de la arquitectura, de los actos festivos, con sus danzas, y de las liturgias con sus objetos sagrado, tal como iremos viendo en los siguientes capítulos.

§

Repaso del capítulo 2

Las respuestas correctas se hallan en la página 84.

1) Asigna cada etiqueta a su número

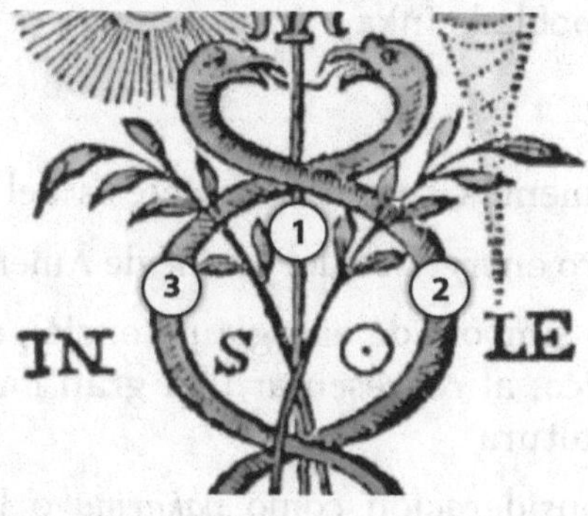

A Manco cápac

B Mama Ocllo

C Vara de oro

---

2) El lago Titicaca está considerado una *pakarina*, lo cual significa:

A Lago de grandes dimensiones

B Lugar de agua ligeramente salada

C Lugar lleno de vida

D Lugar del que nace la vida

---

3) ¿A qué se refiere el *Amaru*?

A Al principio andino de la reciprocidad

B La energía evolutiva del alma

C La energía telúrica de la tierra

D A un poblado inka

---

4) ¿Qué argumentos apoyan la hipótesis del lago Titicaca como centro energético del periné de América del Sur?

A Como símbolo de energía potencial, en dicho caso cinética, al representar una gran masa de agua a gran altura

B Su consideración como *pakarina* o lugar del que nace la vida

C Al ser el punto de partida de muchas leyendas andinas, entre ellas la de Manco Cápac y Mama Ocllo

D Al estar vinculado al Arco Iris

---

5) ¿De cuándo data la siguiente labor de ingeniería según el presente libro?

A Hace entre 6 y 9 siglos

B Hace entre 10 y 30 siglos

C Hace entre 50 y 100 siglos

D Ninguna de las anteriores

---

6) ¿Por qué no tiene sentido que las terrazas en las laderas de las montañas tengan menos de 5200 años?

A Porque por entonces el lago que ocupaba el valle Sagrado ya se había secado, las inundaciones ya no eran frecuentes, y tenía más sentido cultivar la tierra fértil, llena de lodo que había al lado del río

B Porque según las leyendas, los inkas llegaron a esa zona en la época inmediatamente posterior al diluvio

C Porque hace 5200 años el valle estaba deshabitado y no se pobló hasta hace apenas 12 siglos

---

7) Mánco Cápac y Mama Ocllo fueron:

A Personajes históricos

B Personajes mitológicos

C Representaciones alegóricas

D Tal vez los tres

---

8) ¿Qué significado alegórico parece tener el hecho de que la vara de clave en el cerro de *Huanacauri*?

A Que esas son las tierras en las que el Padre Sol quiere que se funde la capital del futuro estado

B No tiene significado alegórico alguno. Simplemente significa que la vara se hunde

C Que la energía evolutiva del alma colectiva se estabiliza al nivel del centro energético del ombligo, llamado *Qosqo* por el sanador energético andino

---

9) La palabra "real" en la obra de Garcilaso de la Vega "Comentarios Reales de los Inkas" hace referencia a:

A La realeza, por tratarse de reyes inkas

B Al hecho de que intentan plasmar la realidad y no una distorsión de ésta, como muchas de las crónicas del momento

C Al hecho de que hablan de cosas, y real viene del latín «*res*» que significa "cosa"

D Al hecho de que fueron escritos por encargo del Rey de Castilla

---

10) ¿Porqué se considera una diagonal de 45º como camino de los justos?

A Por simbolizar el equilibrio entre lo horizontal masculino y lo vertical femenino

B Por ser el número 45 sagrado entre los inkas

C Por simbolizar el nexo de unión entre el círculo, en representación de la Tierra, y el cuadrado, el cual simboliza el Cielo

D Por dividir la cruz chakana en dos partes iguales

---

11) Se te pide que relaciones cada imagen en su posición correcta

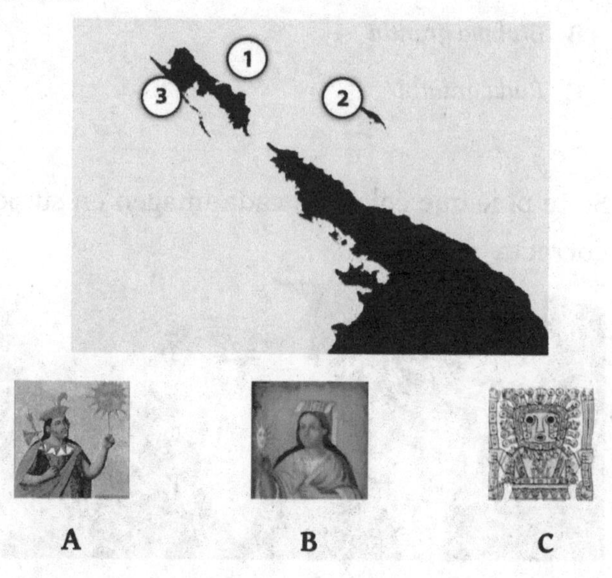

---

12) Se te pide que relaciones cada término con su posición correcta

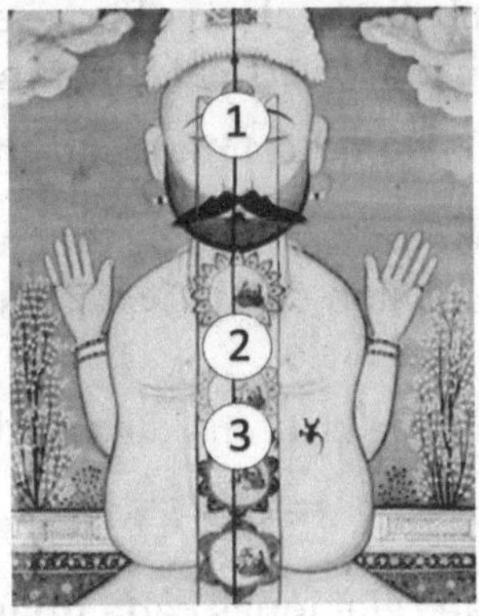

A *Vishnu granthi*

B *Brahma granthi*

C *Ruda granthi*

---

13) Se te pide que coloques cada imagen en su posición correcta

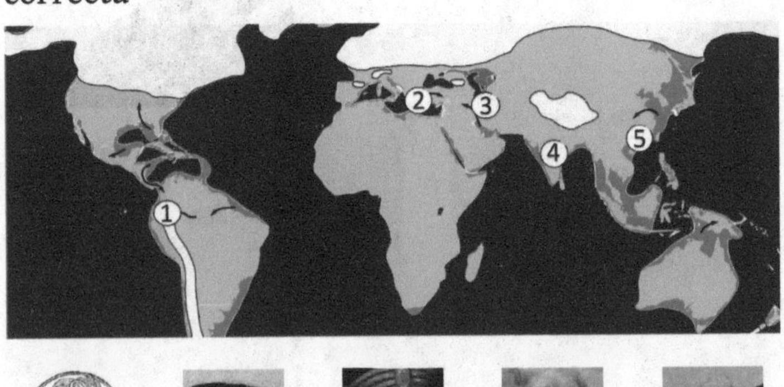

A **B** **C** **D** E

---

14) Relaciona a los siguientes patriarcas del diluvio

A Yu el Grande

B Manco Cápac

C Noé

D Manu

---

15) Relaciona las etiquetas con su posición en la imagen

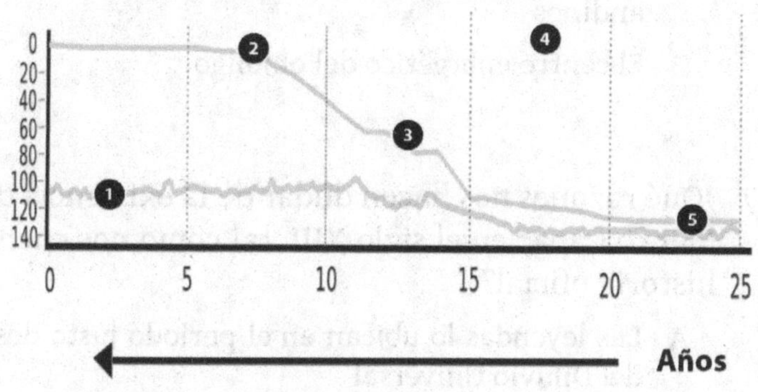

A Revolución neolítica

B Diluvio

C Historia escrita

D Máximo glacial

E Declive

16) ¿Qué representa el león de la imagen?

A Nobleza

B Valor y coraje

C Un puma, pero las ordenanzas de Toledo prohibieron la representación de los animales tradicionales andinos

D El centro energético del ombligo

---

17) ¿Qué razones nos hacen dudar de la existencia de un Manco Cápac en el siglo XIII, tal como nos cuenta la historia oficial?

A Las leyendas lo ubican en el periodo justo después del Diluvio Universal

B Su nombre significa "Gobernante justo" por lo que parece ser una referencia a un legendario primer gobernante más que a un personaje histórico

C La leyenda nos está intentando transmitir algo más, al nivel alegórico, y no simplemente en nombre del primer inka

---

18) ¿Qué le sucede a la energía evolutiva del alma cuando se supera la primera puerta pero no la segunda?

A Vuelve a enroscarse de nuevo en el periné

B Empieza a ascender por uno de los canales laterales

C Se estabiliza en el centro del ombligo

D Se atrofia

---

19) Se te pide que relaciones cada imagen en su posición correcta

A Cielo

B Madre Tierra

C Mundo Intermedio

---

20) Relaciona las edades con los números en su orden.

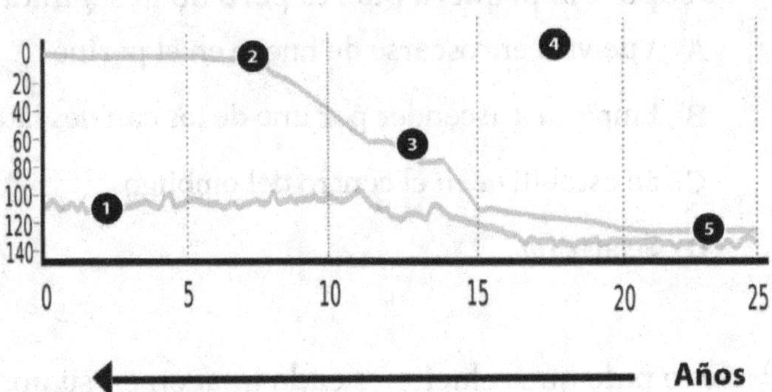

A Bronce

B Hierro

C Oro

D Heroica

E Plata

---

21) Según dicha secuencia y la lógica que entraña, ¿cuál crees que sea la Edad en la que justo ahora estamos entrando?

A Oro

B Plata

C Bronce

D Heroica

E Hierro

Solución a las preguntas del capítulo 2

1) **1C, 2A, 3B**

2) **D**

3) **B - C**

4) **A - B - C**

5) **C**

6) **A - B**

7) **D**

8) **C**

9) **B**

10) **C**

11) **3A, 2B, 1C**

12) **3B, 2A, 1C**

13) **1C, 2A, 3D, 4E, 5B**

14) **1D, 2A, 3B, 4C**

15) **1C, 2A, 3B, 4E, 5D**

16) **C - D**

1 7) **A - B - C**

1 8) **C**

1 9) **1B, 2C, 3A**

20) **1B, 2D, 3A, 4E, 5C**

21) **A**

Capítulo 3

Registros en el Urbanismo y la Arquitectura

Mapa de Cusco 1860 por E.G. Squier, c. Modificada por el autor. Dominio Público.

Introducción

Alcanzado el centro energético del ombligo, el 'impulso' de la serpiente, aquella parte instintiva pero también sintiente que todos llevamos dentro, se convierte en la 'voluntad' férrea del puma por hacer bien las cosas y el amor por el trabajo bien hecho (*llankay*). Así, mientras la serpiente estaría vinculada a los centros energéticos inferiores (periné y sacro) y al mundo de abajo (*Ukhu Pacha*), en el andinismo el puma lo estaría a los centros intermedios (ombligo y corazón) y al mundo intermedio del *Kay Pacha*, aquel que habitamos los humanos. Por su parte, el Cóndor estaría vinculado al mundo de arriba (*Hanan Pacha*) o celestial y a los centros energéticos superiores (cuello y entrecejo).

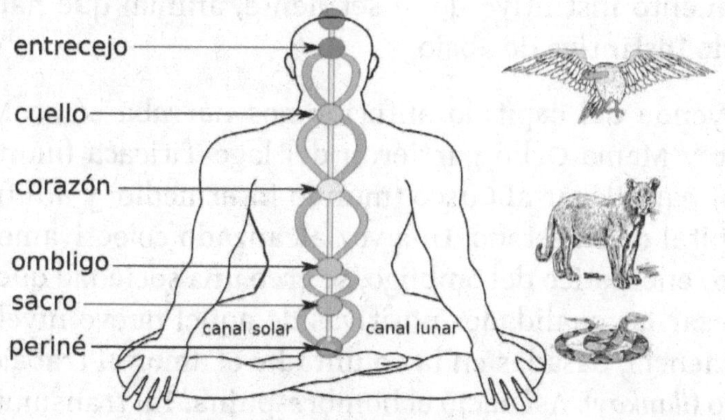

Centros energéticos del cuerpo humano
Cóndor por República de Ecuador. Serpiente y Puma por Pearson Scott Foresman. Cuerpo Humano por Alex Engraver El resto, hecho por el autor. Creative Commons.

La vinculación entre los tres animales y los tres mundos no es sólo inka, sino andina, ya que se encuentra en sociedades pre-inkas como la de *Tiahuanaco*.[1] Por ejemplo, el siguiente

1 La versión oficial dice que la cultura tiahuanacota tiene menos de 3.000 años. Mi opinión es que es pre-diluviana y que como mínimo tiene 15.0000 años.

dibujo representa una figurita de barro, aparentemente anterior a los inkas, en la que se observa un felino con apariencia humana que vuela con las alas de un ave, quien, a su vez, sostiene una serpiente en su pico. Ello constituye una alegoría de cómo el hombre-puma del mundo intermedio (nosotros), debe aprender a volar con las alas del ave, para así acceder a la sabiduría de mundo de arriba. Pero ello debe lograrlo sin olvidar el conocimiento instintivo de la serpiente, animal que habita el mundo instintivo de abajo.

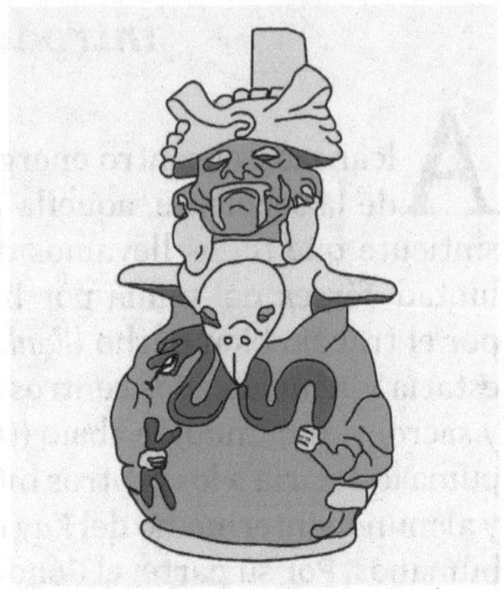

Imagen dibujada por Marc Torra, réplica de una similar que aparece en el libro "Qhapaq Ñan" de Javier Lajo.

La leyenda del capítulo anterior nos narraba cómo Manco Cápac y Mama Ocllo partieron del lago Titicaca (mundo de abajo) para llegar al Cusco (mundo intermedio) y allí fundar la capital de su estado. Una vez alcanzado colectivamente el centro energético del ombligo, se creó una sociedad que pudo expresar las cualidades positivas de aquel nuevo nivel de la consciencia, basadas en la voluntad y el amor al trabajo bien hecho (*llankay*). Así nació el hombre-puma. Tal transmutación la encontramos codificada en el urbanismo del Cusco, ciudad que, por corresponder al centro energético del ombligo, está fuertemente vinculada a la figura del puma. Es un alineamiento muy antiguo que el noveno inka, *Pachakútec*, ya intentó recordarnos en su momento.

No obstante, dado que las partes no son más que un reflejo de la totalidad, la ciudad del Cusco vuelve a manifestar los mismos centros energéticos. Dicho principio de la realidad holográfica o fractal, en la que las partes vuelven a reproducir la totalidad, nos permite encontrar una reproducción de los centros energéticos del cuerpo sutil humano tanto en América del Sur (camino de Wiracocha) como también en la ciudad del Cusco (su ombligo). Tal hecho parece obedecer a dos objetivos:

Por un lado, crear entornos adecuados que propicien el despertar de los centros energéticos a nivel individual. Ello se lograba a partir de las diversas iniciaciones que se llevaban a cabo en puntos clave de la ciudad.

Por el otro, a nivel colectivo busca ser una réplica urbana de los centros energéticos telúricos que unían el *Tawantinsuyu.* Ello permitió transformar la ciudad en el calco energético del inkanato.

Veamos, pues, dónde estaban ubicados dichos centros energéticos de la ciudad.

La ciudad puma

La columna vertebral

En el Cusco antiguo existe una calle llamada *Pumacurco,* que literalmente significa *la columna vertebral del puma.* Es una calle que recorre el lomo del felino, partiendo de la plaza *Huch'uy Rimaqpanpa*, ubicada justo al lado del Templo del Sol (*Qorikancha*), para ascender casi hasta las puertas del Templo de *Sacsayhuaman.*

Pumacurco corta la ciudad en una diagonal para representar el canal central. Simboliza, a mi entender, el Camino de los Justos (*Qhapaq Ñan*) de la ciudad, el sendero por el que asciende la energía evolutiva del alma urbana.

El puma simbolizado por el Cusco antiguo dirige su mirada hacia el noroeste, en dirección ascendente por la diagonal de 45º. Así busca continuar ese camino de ascenso por la Ruta de Wiracocha o Camino de los Justos.

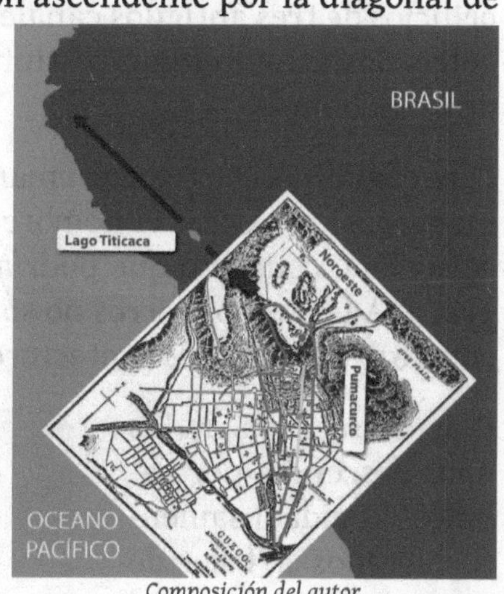

Composición del autor.

Los genitales del puma

En el Templo del Sol (*Qorikancha*) aún se conservan dos recintos del edificio original. A la derecha, el recinto dedicado al *Dios Illapa* (Trueno, rayo y relámpago) en el que decíamos se convertía *Yakumama* (Madre Agua) al alcanzar el Mundo Superior (*Hanan Pacha*). A la izquierda, el pequeño

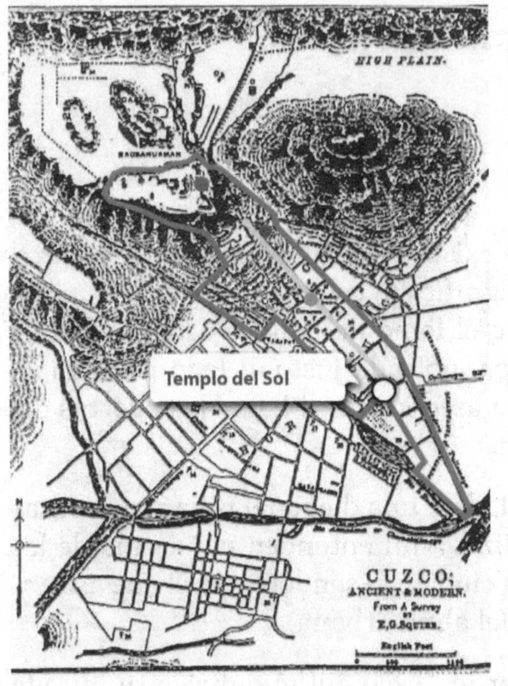

templo dedicado a *K'uychi* (el arco iris), y que vinculábamos a *Sach'amama* (Madre Árbol).

El primero posee tres puertas de acceso y es de mayor tamaño. El segundo posee tan sólo dos y es más pequeño. Entre ambos hallamos un antiguo estanque de agua fabricado a base de piedra cuidadosamente labrada y un muro. En el muro aún podemos observar los orificios de tres antiguos canales de drenaje, los cuales, al ser golpeados, emiten tonos distintos, como si fueran tres notas de un xilofón.

Para el andino, el agua que emana de los *Apus* (espíritus de las montañas) no recibe el nombre ordinario de *yacu*, sino el de *aguay unu*, concepto que podríamos traducir como 'agua sagrada'. Además, los cerros no son simples montañas, sino que constituyen espíritus protectores.

El agua sagrada de los *Apus* descendía por canales cuidadosamente labrados a base de piedra, siguiendo el contorno de las líneas de energía (*ceques*), fluyendo a un lado de las callejuelas de la ciudad, para ser distribuida a sus distintos destinos.

De todos ellos, el más importante era el Templo del Sol (*Qorikancha*), punto en el que convergen las 42 líneas de energía (*ceques*) que delimitaban y unían el *Tawantinsuyu*.

Alcanzado el Templo del Sol, parte del agua era vertida en el estanque y de allí seguía su curso por los anteriores tres orificios, seguramente en alusión a los tres canales.

El agua descendiendo de los *Apus* protectores de la ciudad representa sami, la energía sutil que desciende del mundo de arriba (*Hanan Pacha*). En el cuerpo sutil humano dicha energía desciende principalmente por el canal central. El agua sagrada es vertida en un estanque, seguramente en alusión al lago Titicaca; a la pakarina que da inicio a la vida.

En el centro del estanque hubo una figura de la cual actualmente sólo podemos apreciar su base. La figura ya hace tiempo que desapareció, víctima de los sucesivos intentos por erradicar los ídolos inkas. Asimismo, el antiguo estanque se halla ahora cubierto de grava. Aunque desconocemos qué figura hubo, de haber utilizado los mismos símbolos que otras culturas, tal vez allí hubiera alguna representación de tipo

Thap Doi Lingam por Dragfyre. Creative Commons.

fálica, como el *lingam* y *yoni* tántricos, en alusión a la Creación surgida de la unión sexual entre pares.

Por todo ello, parece ser que el Templo del Sol simbolizaba los centros energéticos inferiores del periné y el sacro de la ciudad. Otras razones que apoyan dicha hipótesis son:

En primer lugar, según nos cuenta el Inka Garcilaso en su obra *Comentarios Reales de los Inkas,* allí permanecían las momias de los antiguos gobernantes. Los varones se encontraban en la cámara dedicada al Padre Sol, la cual estaba recubierta de oro. Las mujeres, en la cámara dedicada a la Madre Luna, la cual estaba recubierta de plata. Los ancestros se hallaban, pues, en el mundo de abajo, allí donde en muchas tradiciones residen los difuntos. Comúnmente, el mundo de abajo viene simbolizado por la serpiente y por los *chakras* inferiores.

En segundo lugar, el mencionado estanque se halla entre el recinto dedicado al *Dios Illapa* y la cámara dedicada al arco iris. Es decir, entre *Yakumama* (Madre Agua) y *Sach'amama* (Madre Árbol), o entre lo que parece ser una alusión al canal central y a los canales laterales. Constituyen referencias al punto de partida de los canales, ubicado en el centro del periné.

En tercer lugar, en la imagen de la ciudad antigua se puede observar cómo el Templo del Sol se halla justamente en la zona genital del puma. De la misma forma, tanto el centro del periné como el del sacro están ubicados cerca de nuestros genitales.

En cuarto lugar, en los almacenes del templo se guardaba una gran serpiente de lana adornada con láminas de oro y descrita en las crónicas como maroma o *yawirka* (cable en quechua).[2] Dicha serpiente simbolizaba el *Amaru*, la energía evolutiva del alma, que duerme latente en el centro energético del periné. De ahí que se la guardase en los almacenes del templo, para despertarla únicamente en las ocasiones especiales, como se verá en el capítulo que habla sobre las festividades.

Finalmente tenemos cómo la calle *Pumacurco* (columna del puma) parte de la zona adyacente al tempo, para ascender hacia arriba, hacia la cabeza del puma.

Era aquel un espacio no sólo vinculado al Sol, sino también con la Luna, y con los ancestros momificados, y con el agua que da la vida, y con la experiencia mística de la trascendencia semejante al rayo, trueno y relámpago, y con el equilibrio entre pares complementarios, y con la energía evolutiva del alma, que duerme latente. Tenía que ver con el mundo de abajo (*Ukhu Pacha*), el mundo interior o de adentro, con las raíces, las aguas primordiales, el fluido amniótico, los orígenes, el lago Titicaca, la *pakarina*, de la que nace la vida, y la Madre Tierra.

Allí iban las aguas de los cerros colindantes (*Apus*), para traer la energía sutil (*sami*) procedente del mundo de arriba, y de allí emanaba todo, emanaban 42 líneas de energía (*ceques*) que recorrían el *Tawantinsuyu* entero; el estado inka. Constituía el

---

2 Según nos cuenta Pedro Sarmiento de Gamboa en su crónica *Historia de los Inkas*. 1572 , a la maroma se la guardaba en la despensa del Sol.

centro neurálgico del inkanato, el punto de absorción y de expansión.

El oráculo

Continuando con los paralelismos existentes entre la sabiduría milenaria andina y el yoga, es importante destacar que en *nāda yoga* (yoga del sonido) el iniciado trata de escuchar la música emitida por su cuerpo sutil. El objetivo es equilibrar los canales laterales y activar así el canal central.

El *nāda yogui* o *yoguini* intentará primero percibir el tono diferencial emitido por cada canal lateral. Dicho tono resulta del fluir de energía vital entre el canal correspondiente y el centro energético del entrecejo, ubicado en la zona de la glándula pineal. Cada tono parece emanar de un punto indeterminado. Sin embargo, aquél emitido por el canal lunar se suele escuchar por la izquierda, mientras que el del canal solar resuena más por la derecha, lo que facilita su identificación. En mi experiencia personal, el primero suena como el vuelo de un mosquito y el segundo, como un campo de grillos en la distancia.

Una vez identificados, el iniciado en tal disciplina buscará conjugar ambos tonos en un solo acorde. De lograrlo, la vibración resultante se convierte en la llave que le permite abrir el *canal central*, para que por él empiece a fluir la energía vital. Tal tono se asemeja a una cascada de luz, pues posee un característico sonido centelleante, y sólo puede ser percibido cuando los dos canales laterales se han equilibrado. La experiencia va acompañada de una sensación de gozo y de energía ascendente, que permite centrar la mente y entrar en estado meditativo.

De ahí que seguramente la función del recinto en el que se halla el estanque fuera doble. Por un lado, ayudar a todo aquél que acudiera al mismo a abrir su *canal central*, mediante la escucha atenta del sonido que el agua emitía al drenarse por cada orificio. Por ello, al golpearlos, cada uno emite un tono distinto, de forma que también distinta era la música producida por el fluir del agua.

Sin embargo, otro posible uso era el de permitir al *qawaq* (vidente de energía vital) interpretar la música originada por el fluir del agua a través de los tres orificios mencionados a modo de oráculo. Eran mensajes de los Apus y del Cielo, del mundo de arriba, que podían ser escuchados desde ese otro mundo complementario, el de abajo. Eso se hacía en compañía de las momias de los antepasados inkas, para recibir también su consejo y guía.

El ombligo del puma

Al estudiar el mapa antiguo de la ciudad, se observa la ausencia de un equivalente urbano al centro energético del ombligo. Tal ausencia es comprensible si tenemos en cuenta que la ciudad entera simboliza ya dicho centro. Por ello, tal vez no tuvo sentido replicar un punto energético del inkanato, si ya nos hallamos en el punto que se pretende reproducir.

El corazón del puma

En su camino ascendente por la falda del cerro, la calle *Pumacurco* cruza varios centros neurálgicos de la ciudad, entre ellos la plazoleta de las Nazarenas, lugar en el que antiguamente estaba ubicado el *Yachaywasi* (la casa de la sabiduría), y que ahora constituye un museo. Allí parece ser que los sabios inkas (*amautas*) impartían a los iniciados el

Callejuela de Siete Culebras, la qual desenboca en la plazoleta de Nazaremas,

conocimiento vinculado al despertar de los centros energéticos del alma humana.

A escasos metros del lugar, justo al otro lado de la calle Pumacurco esquina con la calle siete culebras, se halla Amaru Kancha (Palacio de las Serpientes). Sobre el antiguo edificio se erigió ya en periodo colonial un beaterio (casa de mujeres beatas). Las piedras inkas que no fueron demolidas aún conservan abundantes serpientes labradas. Éstas, que muchas veces aparecen en parejas y en sentido opuesto una de la otra, simbolizan la corriente lunar y solar.

Resulta reconfortante ver que aquellas serpientes no fueron mutiladas, como sucedió con muchas otras. Por otro lado, también sorprende ver los dos dragones alados labrados sobre la entrada principal del actual hotel, seguramente en representación de los dos canales laterales. Es asombroso si tenemos en cuenta que el emblema es colonial y el edificio fue una casa de beatas. Decididamente se trata de un lugar

Portal del beaterio de la Plaza Nazarenas, antigua Amaru Kancha.

muy especial, cuyas piedras tienen aún mucho que contar a todo aquél que esté atento y sepa escuchar.

De nuevo, si utilizamos otras tradiciones para aprender a interpretar la información observada, en yoga se distingue entre *chakras*, puntos de emanación energética ubicados en la columna vertebral, y *kshetrams*, punto en la parte frontal del cuerpo desde los cuales se pueden activar los *chakras*. Es justamente en estos *puntos de activación* en los que uno percibe la energía, y no tanto en el *chakra*, ya que éstos últimos constituyen puntos internos del organismo.

Como muy bien sabemos, poseemos un mayor grado de sensibilidad en la periferia que en el interior del organismo. Ellos se debe a que tendemos a externalizar los sentidos, al haber entrenado nuestra mente a percibir el mundo exterior más que el interior. De ahí que nos resulte más sencillo percibir los chakras en tales puntos de activación (*kshetrams*), que en el interior de la columna vertebral. En dichos puntos percibimos los centros energéticos como suave presión o cosquilleo.

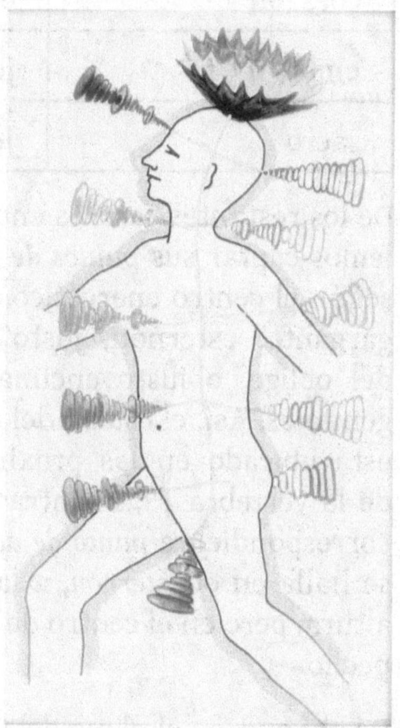

Chakras en el ser humano por Mintsi Griso. Creative Commons

Todos los *centros energéticos* poseen un punto de activación, excepto el del *periné* (*Muladhara*) y el de la *coronilla* (*Sahasrara*), los cuales, por estar ya ubicados en la periferia de nuestro cuerpo, y proyectarse verticalmente en vez de horizontalmente, pueden percibirse directamente.

El primero se capta como un suave cosquilleo entre el ano y los genitales. El segundo, como un cosquilleo en la coronilla. Por ello, muchos monjes cristianos se rasuran justamente esa zona de la cabeza: para que el cabello no interfiera en su comunión con Dios.

Tabla de Chakras y sus puntos de activación

Centro energético	Punto de activación delantero
tercer ojo	entrecejo
garganta	justo debajo de la nuez
corazón	esternón
ombligo	justo encima del ombligo
sacro	justo encima de los genitales

De los restantes centros energéticos del cuerpo sutil sólo solemos captar sus *puntos de activación* (*kshetrams*), los cuales, según el centro energético, se percibirán: en el entrecejo, la garganta, esternón, justo encima del obligo, o justo encima de los genitales. Así, el *chakra* del corazón está ubicado en las proximidades de la vértebra T5, mientras que su correspondiente *punto de activación* se halla en el *esternón*, a la misma altura, pero en el centro de nuestro pecho.

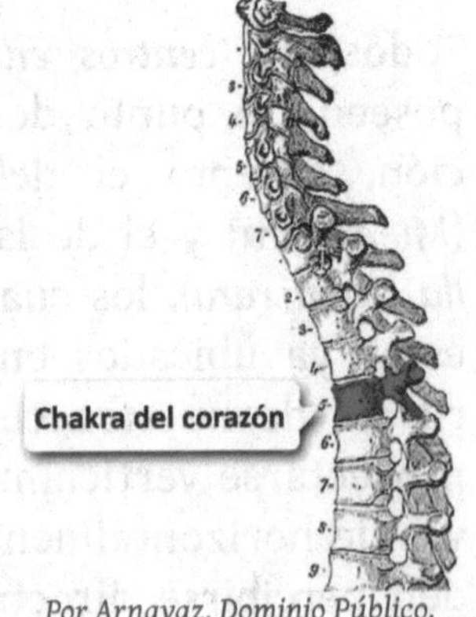

Por Arnavaz. Dominio Público.

De ahí que, en el plano del Cusco, el centro energético del corazón (*Songo*

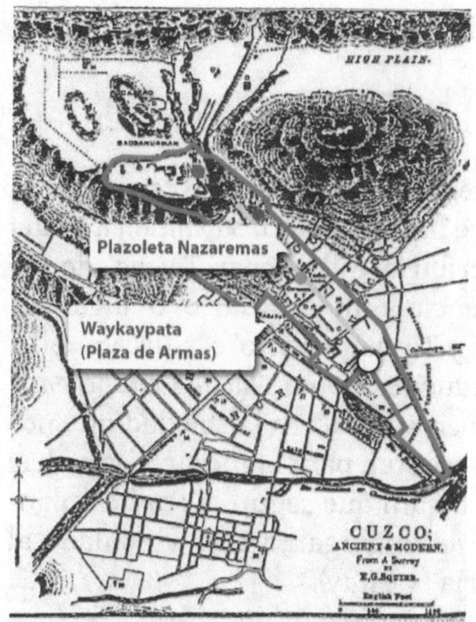

Ñawi) esté ubicado sobre la actual Plazoleta Nazarenas, la cual atraviesa la calle *Pumacurco*, mientras que el punto de activación de dicho centro estaría en la actual plaza de Armas, cuyo verdadero nombre es el de *Wakaypata* o *"lugar de llanto"*. En el puma urbano formado por el Cusco antiguo, dicha segunda plaza se halla justamente en el pecho del felino.

Wakaypata poseía una antigua laguna que fue drenada tras la conquista. En ella se recogían las aguas sagradas procedentes de los cerros colindantes y las lágrimas de aquellos que allí acudían para abrir su corazón. Desde allí el agua continuaría su curso descendente hasta alcanzar el chakra del periné en el Templo del

Plaza Wakaypata (Plaza de Armas)

Sol, punto de intersección de las 42 seques que unían el territorio tawantinsuyano.

La garganta del puma

Cruzada la plazoleta Nazarenas, el camino de ascenso por la calle *Pumacurco* nos conduce hasta la *Huaca Sapantiana.* Dicha palabra en quechua se escribiría *Waka Sapan Tiyana*, donde *Waka* o (Huaca) hace referencia a un 'santuario' o 'lugar sagrado', *Sapan* significa 'solo' y *Tiyana* 'asiento' o 'silla'. Por ello, tales vocablos podrían traducirse como *"lugar sagrado en el que una persona se encuentra en soledad"*. Es la soledad que nos permite acallar el alboroto mental, para empezar a escuchar nuestra sabiduría interior. De ahí que según la tradición andina, el centro energético de la garganta esté vinculado al conocimiento y a la sabiduría (*yach'ay*).

Huaca de Sapantiana. Garganta del Puma. Copyrigth por Ricardo Raez

Allí iban aquellos que buscaban la tranquilidad y calma que les permitiera establecer esa conexión. Buscaban apaciguar

su mente para escuchar la voz de la intuición, ese guía interior que todos llevamos dentro.

Justo al lado de esa *huaca* (lugar de poder) desemboca un arroyo. Allí culmina su curso el *P'uqro*, arroyo cuyas aguas discurren por unos canales que según escribió el cronista Bernabé Cobo en 1556 fueron construidos bajo órdenes y supervisión del noveno Inka, Pachacuteq. El nombre del mismo fue cambiado en los años 70s. Anteriormente se lo conocía como *Biruy Paqcha*', y que significa 'lugar del tallo de maiz', lo cual tal vez constituyera una posible referencia al cuello. Todo ello parece indicar que en dicho lugar se halla la garganta del puma (*kunkan ñawi*), su centro energético del cuello.

En el transcurso de los años posteriores a la llegada de los castellanos, el parque arqueológico de *Saqsaywaman*, incluido el conducto del *P'uqro*, fue saqueado de sus piedras labradas de menor tamaño, las cuales fueron extraídas para la edificación de iglesias, conventos y palacios señoriales. Ello afectó a aquella importante *seque* o canal energético, por el que descendía el agua sagrada (*aguay unu*) camino de la antigua laguna ubicada en el chakra del corazón, lugar de llano. Los recién llegados cambiaron su nombre por el de Plaza de Armas, lugar en el que se llevan a cabo los desfiles militares.

El tercer ojo del puma

Si continuamos el camino ascendente por la columna vertebral del puma, alcanzaremos las puertas de *Sacsayhuaman*,

lugar en el que encontramos el centro energético del tercer ojo (*uma ñawi*).

En el cuerpo humano, dicho centro está ubicado en la región de la glándula pineal, en el interior del cerebro, mientras que su correspondiente *punto de activación* se halla en el *entrecejo.*

En *Sacsahuamán* existe una serpiente labrada sobre una gran roca que forma esquina. La cola de la serpiente posee el tamaño aproximado de una columna vertebral humana. En ella aun se pueden observar los orificios en los que había incrustadas varias gemas, cada una en representación de un centro energético o *ñawi* distinto.

Ñawi energético	Ubicación	Color	Elemento
Siqi	perineo y sacro	negro	agua *(unu)*
Qosqo	ombligo	rojo	tierra *(allpa)*
Sonqo	corazón	dorado	fuego *(nina)*
Kunkan	cuello	plateado	aire (wayra)
Uma	entrecejo	índigo	espacio-tiempo *(pacha)*

La iniciación

Desconocemos los pasos exactos que se seguían para la transmisión iniciática del conocimiento de la anatomía del alma. Seguramente se empezara por llevar a los candidatos al Templo del Sol (*Qoricancha*), lugar en el que se consultaba a los ancestros para ver si se les podía aceptar o no como iniciados. De ser aceptados, parece que la instrucción se daba en la Casa de la Sabiduría (*Yachaywasi*) y en el Palacio de las Serpientes (*Amaru Kancha*), ambos ubicados en el centro del corazón (*sonqo ñawi*) de la ciudad. Una vez graduados, los iniciados seguían ascendiendo por la columna vertebral del puma, hasta llegar a *Sacsayhuaman*, punto en el que iba a celebrarse la ceremonia final, aquella

Calle Pumacurco

Templo de Sacsayhuaman. Lugar de iniciación

durante la cual se les intentaba abrir el tercer ojo, para que así tuvieran acceso a la sabiduría interior (*yach'ay*).

Ascendían como la energía evolutiva del alma, cruzando uno a uno los distintos centros energéticos de la columna vertebral. Primero, en el mundo de abajo, para pedir permiso a los ancestros. Después, en el mundo intermedio, lugar en el que iban a pasar la mayor parte del tiempo para instruirse. Aquel conocimiento era impartido desde el centro energético del corazón, para así cimentarlo en el amor (*munay*). Finalmente, se visitaba el mundo de arriba, para el acto final de apertura del centro energético del entrecejo.

§

Repaso del capítulo 3

Las respuestas correctas se hallan en la página 112.

1) ¿Cual es el nombre traducido de esta calle?

A Calle diagonal

B Calle del Puma

C Columna del Puma

D Calle Espina

2) ¿Cuál es el verdadero nombre (traducido) de esta plaza?

A Plaza de Armas

B Lugar de Llanto

C Plaza del Inka

D Lugar de la Laguna

3) Asocia las imágenes con su posición:

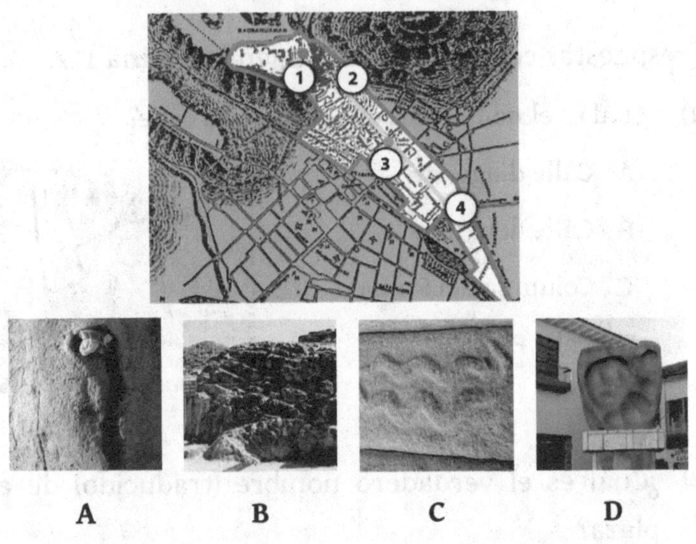

4) ¿Qué imágenes son andinas?

5) ¿Qué cree el autor se hacía en este edificio?

A Se llevaban a cabo rituales de iniciación

B Se leía el oráculo

C Se impartían conocimientos relativos a los cuerpos sutiles

D Se hablaba con los ancestros

---

6) ¿Qué palabras vincularías al templo del Sol en Cusco?

A Llanto

B Ancestros

C Oráculo

D Luna

E Arco Iris

F Relámpago

---

7) Relaciona las etiquetas con sus posiciones

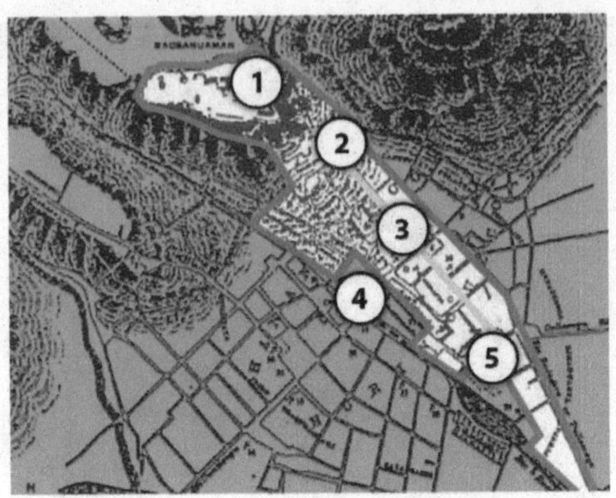

A Introversión

B Consejo

C Expresión

D Instrucción

E Iniciación

Solución a las preguntas del capítulo 3

1) **C**
2) **B**
3) **1A, 2B, 3C, 4D**
4) **C - F**
5) **C**
6) **B - C - D - E - F**
7) **1E, 2A, 3D, 4C, 5B**

Capítulo 4

Registros en los Actos y Festividades

Inti Raymi 2008 por Bill Damon. Creative Commons.

Introducción

Durante el inkanato el conocimiento sobre el cuerpo sutil humano no fue oculto a la mayoría y transmitido a unos pocos iniciados (esotérico) sino que fue exotérico, constituyendo un conocimiento abierto y accesible a todos.[1] Al comunicarlo de manera abierta se buscó que colectivamente, la energía evolutiva de todo el inkanato siguiera ascendiendo desde el ombligo hasta el siguiente centro en la escala evolutiva humana: el centro energético del corazón (*sonqo ñawi*).

Para lograrlo, la ciudad puma constituía el escenario de toda una serie de actos y festividades. Tales eventos buscaban generar armonía y propiciar la transmisión de las enseñanzas exotéricas, al tiempo que el pueblo disfrutaba de las celebraciones diversas. Se buscaba que, al transformar la ciudad en una réplica energética del inkanato, se pudiera facilitar el despertar de la consciencia de grupo. El objetivo buscado era que la energía evolutiva del alma colectiva pudiera seguir avanzando, desde el tercer nivel (centro energético del ombligo) al cuarto nivel (centro energético del corazón). Veamos, pues, cómo se propició tal proceso alquímico.

Imagen de la peregrinación de qoylluriti del año 2009. Tomada por el autor..

1 Tal afirmación le fue comunicada al autor por el Dr Lizardo Perez Aranibar, durante una entrevista personal.

Inti Raymi

El día más frío

Las callejuelas que desembocan en *Pumacurco* fueron alineadas de tal forma que, coincidiendo con la fiesta del *Inti Raymi* (fiesta del Sol), celebrada durante el solsticio de junio, nuestro astro padre se alza desde su extremo más septentrional para iluminarlas. Así se van activando los distintos centros energéticos de la ciudad.[2]

Tradicionalmente aquel día se convocaba a los señores (*curacas*) de las cuatro regiones en que estaba dividido el Estado Inka (*Tawantinsuyu*), para que acudieran a la capital con su séquito y fueran testigos del especial evento. No obstante, también era un acontecimiento en el que participaba el pueblo entero, y cuyo significado simbólico seguramente fuera por todos conocido. Lo que a continuación se narra es una posible interpretación simbólica de tal evento.

Interpretación

El padre sol (*Taita Inti*), desde su ángulo más oblicuo, en el día más corto y más frío del año, iba a despertar al *puma* de su letargo. El puma, formado por la ciudad del Cusco antiguo, está mirando hacia el noroeste, simbolizando así su intención de continuar recorriendo la Ruta de *Wiracocha*», o Camino de los Justos (*Qhapaq Ñan*).

Simbólicamente podríamos decir que ese mismo *puma* se alzó primero como *serpiente* (*Amaru*) en el lago Titicaca, para ir ascendiendo por el *canal central*, hasta alcanzar el ombligo de Sudamérica (*Qosqo*), y allí transformarse en felino. Con su

2 Tal alineación ya nos la comentó James Arébalo Meejildo (Mallku) en su obra *Camino Iniciático Inka. El despertar del Puma*. Shamanic Productions. 1997. Cusco. Peru.

despertar, se buscaba la continuación del proceso de ascenso, para cumplir un plan evolutivo que se repite en ciclos de aproximadamente 26 mil años, tiempo que tarda la precesión de los equinoccios en completar un giro.

Como ya se comentó anteriormente, la destrucción de un mundo anterior por el agua (*Unu Pachakuti*) hace aproximadamente diez mil años, marcó el inicio de un nuevo ciclo. Algunos de los supervivientes se asentaron en las riberas del lago sagrado Titicaca. Durante esa primera fase, llamada por el andino *Purun Pacha* (el silencio después de la tempestad), el objetivo fue madurar los centros energéticos inferiores, muy vinculados al sentido de seguridad y al instinto.

Tanto en la leyenda de Manco Cápac y Mama Ocllo, como en la del Wiracocha profeta, vimos que hubo una migración del Titicaca en dirección noroeste, siguiendo un ángulo de 45º, hasta alcanzar el valle del Cusco. Aquella migración parece marcar un tránsito, el de la búsqueda de la seguridad, típica de los centros inferiores, al deseo de expresar la voluntad y el amor al trabajo bien hecho (*llankay*), más común en los centros intermedios.

En el valle del Cusco se inició entonces una secuencia de civilizaciones que, buscando culminar la maduración de tales centros, crearon sociedades en la que el trabajo dignificó, la voluntad pudo expresarse, y la seguridad estuvo garantizada. De todas ellas, la inka fue la última. De todas ellas, los 13 gobernantes descritos en las crónicas oficiales fueron los últimos en emerger, pero antes hubo muchos más. Constituye una civilización cuya historia podría ser trazada hasta el tiempo del *Unu Pachakuti*, el Gran Diluvio que tuvo lugar al final de la última era glacial.

Según la interpretación sugerida, la fiesta del *Inti Raymi* representaría la necesidad de dar continuidad al proceso evolutivo de la consciencia, desde el centro energético del ombligo, vinculado al deseo colectivo por el trabajo bien hecho (*llankay*), hacia los centros superiores.

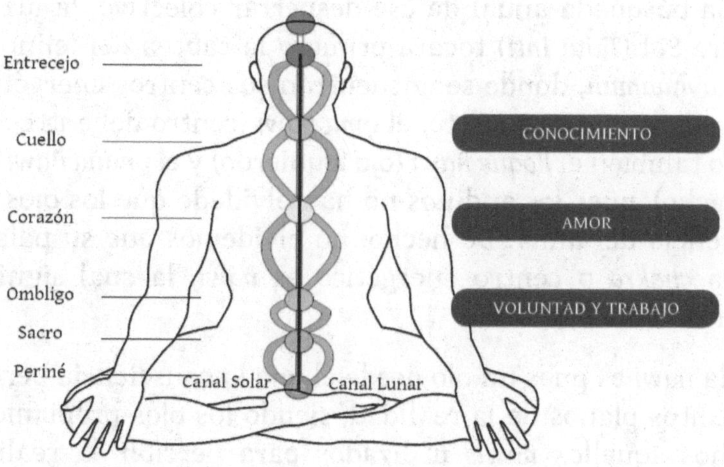

El primero de ellos sería el centro del corazón (*sonqo ñawi*), ubicado en el pecho, y vinculado al amor (*munay*). Una vez trascendido éste, el siguiente sería el del cuello (*kunkan ñawi*), vinculado a la capacidad de comunicar el conocimiento (*yach'ay*).[3]

Así, la ciudad puma buscaba transmutarse en ciudad cóndor, para alzar el vuelo y continuar su ascenso. El objetivo era permitir que la energía evolutiva del alma pudiera elevarse, del centro energético del ombligo al del corazón. Me decanto

3 Tal relación entre centros energéticos y cualidades me fue comunicada por los sanadores energético sandinos Alejandro Apasa y Santosha Qispe, de Q'eros y coincide con la distribución de cualidades dada por otras tradiciones como, por ejemplo, el tantra y el yoga.

a creer que una vez dicho despertar colectivo se alcance, traerá de nuevo otro movimiento migratorio. Ello generará un nuevo desplazamiento del epicentro, desde el ombligo de America del Sur (Cusco) a su corazón. Muchos consideramos que dicho corazón se halla en Sierra Nevada de Santa Marta, macizo montañoso localizado en el extremo más septentrional de los Andes, al norte de Colombia. Allí floreció otra gran civilización: la *Tairona.*

En la búsqueda anual de ese despertar colectivo, la luz del Padre Sol (*Taita Inti*) tocará primero la cabeza del felino, en *Sacsayhuaman*, donde se encuentran sus centros energéticos superiores y, en concreto, el *uma ñawi* (centro del entrecejo), pero también el *lloque ñawi* (ojo izquierdo) y el *phaña ñawi* (ojo derecho), pues los andinos no han olvidado que los ojos son el reflejo del alma. De hecho, no olvidemos que su palabra para *chakra* o centro energético es *ñawi*, la cual significa literalmente ojo.

Cada *ñawi* es pues un ojo desde el que la consciencia percibe distintos planos de la realidad, siendo los ojos propiamente dichos aquellos *ñawis* utilizados para percibir la realidad tridimensional. Y son dos por constituir el número mínimo, necesario para percibir un espacio en tres dimensiones. En cambio, el tercer ojo es aquel que nos permite percibir una realidad más sutil, es el ojo de la clarividencia con el que percibimos otras realidades dimensionales.

Con la activación del tercer ojo del felino por los primeros rayos solares de la mañana del solsticio, el segundo punto que recibirá la luz del astro padre será su cola (*Pumajchupan*), donde las tradiciones esotéricas del planeta suelen ubicar los centros energéticos de la condición animal. Después, se activará *Qorikancha* (Templo del Sol), lugar en el que se hallan los centros del periné y del sacro (*siqi ñawi*), vinculados a la figura totémica de la serpiente. Allí duerme el *Amaru*, la energía evolutiva del inkanato.

Posteriormente, y en orden ascendente, el Sol irá penetrando por las distintas callejuelas que desembocan en *Pumacurco*, su columna vertebral, para ir activando los centros energéticos intermedios.

Fotos tomada durante el Inti Raymi del 2011 desde las callejuelas laterales de Pumacurco.

La secuencia le resultaría bastante familiar a un practicante de *kundalinī yoga*, pues ellos saben que, para despertar la *Kundalinī*, primero uno debe concentrarse en *Agna Chakra* (centro del entrecejo), para que su activación le guíe en la experiencia. De hecho *Agna*, en sánscrito, significa justamente 'dirigir' o 'guiar'. Una vez activado dicho centro, se concentrará en el chakra *muladhara* (centro del periné) para despertar a la *serpiente* de su letargo. Tras despertarla, el iniciado deberá ir concentrándose en los distintos *chakras*, en orden ascendente, hasta que ésta alcance el centro del entrecejo. Sólo si lo logra, el *chakra* de la coronilla (*sahasrara*) se abrirá como una flor de mil pétalos, para brindarle la experiencia suprema de la trascendencia.

Tal experiencia la tenemos representada en muchas imágenes, por ejemplo en el fuego ascendiendo desde la coronilla del Buda, o la aureola alrededor de la cabeza de Cristo.

Buda Dorado. Pat Po. Bangkok y retrato de Jesús de 1840. Creative Commons.

El *Inti Raymi* en la actualidad

La fiesta del *Inti Raymi* volvió a instaurarse en el año 1944, después de una interrupción de 409 años. En la actualidad la celebración se inicia en *Qorikancha* (Templo del Sol), lugar donde se produce el primer acto y en el que, por tratarse del centro del periné (*siqi ñawi*), duerme latente el *Amaru*.

Acabado dicho acto, el inka (gobernante), junto con todo su séquito y pueblo, inicia la marcha desde *Qorikancha*, para realizar una primera parada en *Wakaypata, punto de activación (kshetram)* del *centro energético del corazón (sonqo ñawi).*

En la imagen superior, perteneciente al Inti Raymi del 2011, observamos al sumo sacerdote dando la bienvenida al Padre Sol. El sacerdote se halla sobre piedra inka, si bien entre él y el Sol ahora se alza el Convento de Santo Domingo. En el paganismo europeo, el domingo era el día de la semana dedicado al Sol, relación que aun se conserva en la lengua inglesa, pues lo llaman Sunday (Día del Sol). Así es como una cultura se impuso sobre la otra, usurpando por un lado sus riquezas, al tiempo que intentaban también reemplazar sus creencias.

Una vez en el lugar de llanto, y después de un nuevo acto, el Inka y todos los que le acompañan continúan su ascenso por la calle *Pumacurco*, hasta el Templo de *Sacsayhuaman*. Allí, en la explanada, no lejos de donde se ubica el *centro energético del entrecejo* (*uma ñawi*) de la ciudad, tiene lugar el acto que culmina la fiesta.

Altar de iniciación-.Templo de Sacsayhuaman

Killa Raymi

Dentro del pensamiento andino, la Luna es el complementario del Sol. Por ello, en complementariedad con la fiesta del Sol, tenemos la de la Luna (*Killa Raymi*), celebrada unos meses más tarde, justo antes del periodo de siembra. La fiesta de la Luna duraba doce días e iniciaba así el periodo de cosecha, mientras que unos nueve meses más tarde, la del Sol lo cerraba.

Durante la fiesta de la Luna se despertaba a *Yawirka* de su letargo. Las crónicas nos la describen como una cadena o soga (*maroma* en castellano antiguo); con dos borlas coloradas para formar sus dos cabezas; articulable como una serpiente; de lana y adornada con láminas de oro; del grosor de una muñeca y de unos 700 pies de largo (200 metros), para el transporte de la cual se precisaban 200 personas.[4]

Garcilaso de la Vega, además, nos informa de que había sido forjada en honor al nacimiento del *Inka Huáscar*, a petición de su padre, el *Inka Huaina Cápac*. Sin embargo, la leyenda nos narra cómo el Dios Arco Iris (*Chuqui Illa*) se la regaló al *Inka Yupanqui*, padre de *Huaina Cápac* y abuelo de *Huáscar*, para que no le sucediera nada malo.

Representación Yawirka en un mural del Cusco.

Según el cronista Pedro Sarmiento de Gamboa, a *Yawirka* se la guardaba en el almacén del Templo del Sol (*Qorikancha*). Ello implica que mientras no hubieran actos

4 Información extraída de: Garcilaso de la Vega, *Comentarios reales de los inkas* 1609 y Pedro Sarmiento de Gamboa *Historia de los Inkas* 1572.

festivos y solemnes, durante los que era despertada de su hibernación, ésta permanecía dormida.

De todas las ocasiones en las que *Yawirka* era despertada de su letargo, la fiesta de la Luna (*Killa Raymi*) era la más importante. Durante uno de los actos más solemnes, los varones la tomaban por un lado, y las mujeres por el otro, para presentársela primero al Inka. Ello acontecía en el interior del Templo del Sol (*Qorikancha*), y que tal como ya dijimos estaba vinculado al centro del periné, allí donde duerme latente la energía evolutiva del alma.

El *Sapa Inka* y la *Qoya* (pareja de gobernantes) permanecían sentados en su trono. Sobre el *Sapa Inka* había dispuesto un dosel de plumas (símbolo del mundo de arriba). A su izquierda se hallaba el Disco Solar. A causa de la danza, los danzarines solían entrar en trance. En dicho estado de alteración de la consciencia, hacían reverencias primero a las momias de sus ancestros y, después, a las figuras de la Luna y de *Ilapa* (Dios Trueno). Caída la noche, la danza proseguía por todas las calles y plazas del Cusco, para terminar en *Wakaypata*, lugar de llanto y actual Plaza de Armas. Allí se circunvalaba la plaza entera, enrollando la serpiente, para formar una espiral cerrada.[5]

Vemos, pues, de nuevo cómo el simbolismo se repite. Tenemos la serpiente, representando la energía evolutiva del alma, la cual, según la leyenda, había sido dada por el Dios Arco Iris, representación de la vida que surge de la unión paritaria entre la luz (Fuego, Sol) y la lluvia (Agua, Luna). De ahí que *Yawirka* fuera coloreada, seguramente siguiendo la pauta de

5 Explicación de los actos inspirada en la que Simona Waisbard aporta en su libro *Tiahuanaco: diez mil años de enigmas inkas.* Editorial Diana. 1976

colores de un arco iris, como la serpiente del arco iris de los aborígenes australianos.

Sabemos que ésta duerme durante el año en el almacén del templo del Sol, lugar que, como hemos ido argumentando, parece simbolizar el centro energético del periné de la ciudad (*siqi ñawi*), y que la despertaban sólo durante las festividades y actos solemnes.

Observamos cómo el primer acto tiene lugar en el Templo del Sol (genitales del puma), y cómo los varones la agarran por un lado y las mujeres por el otro, en representación de la complementariedad definida por los dos canales laterales. La serpiente era bicéfala, con dos borlas para simbolizar cada una de sus dos cabezas, hecho que la vincula al mito andino-amazónico de *Sacha'mama*. Con sus dos cabezas se simbolizan dos formas de ver pero un mismo cuerpo. Tal mensaje implica la trascendencia del ego. para que contemplemos en el otro a nosotros mismos.

Posteriormente *Yawirka* era conducida por las distintas calles y plazas de la ciudad, por la noche, en un acto dedicado a la Luna, y que marca el inicio de la época de siembra. *Yawirka* simboliza, pues, esa semilla, el potencial sexual en el ser humano, que se manifiesta bien como semilla de la vida (hijos) cuando se disipa, bien como semilla de la trascendencia, cuando se la hace fluir por el canal central, hacia los centros energéticos superiores. De ahí que tal festividad estuviera vinculada a la época de siembra.

Finalmente, los actos acaban en la plaza cuadrada de *Waynapata*, lugar de llanto, que simboliza el centro energético del corazón. En el 'lugar de llanto' acaba la celebración, formando un círculo cerrado con la serpiente alrededor de la laguna que hubo en medio de la plaza, lo que parece indicar el deseo de estabilizar la energía colectiva en esa región, la del amor (*munay*), una vez alcanzado dicho punto.

La plaza es cuadrada, figura geométrica vinculada a *Pachatata* (Padre Cosmos), mientras que la laguna y la serpiente que la circunvalaba en el acto final eran circulares, simbolizando la *Pachamama* (Madre Tierra). La laguna simbolizaba el origen de la vida, la *pakarina*, el Lago Titikaka, pues el andino vincula el centro del periné al elemento agua. El cuadrado era el cosmos, el Cielo.

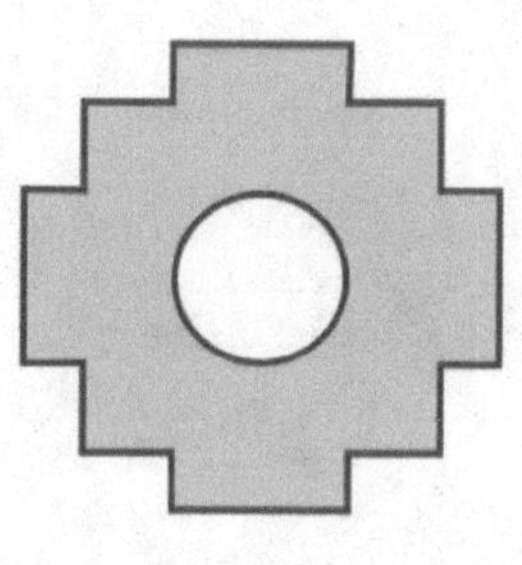

Cruz Chakana.

Con ello se había circunscrito un círculo en un cuadrado, unión entre el mundo de arriba (Cuadrado = *Pachatata*) y el de abajo (Círculo = *Pachamama*), de cuya intersección (*tinku*) surgía el mundo intermedio de los humanos.

Observamos una cierta semejanza entre lo explicado y el grabado alquímico que mostramos a continuación, europeo y del año 1624.

D. Stolcius von Stolcenberg, Viridarium chymicum, Frankfurt, 1624. Dominio Público.

En él aparecen un hombre y una mujer, cada uno a un lado, los cuales son sostenidos por un Sol y una Luna, e iluminados también por ellos. Observamos el planeta, es decir a la *Pachamama* o Gaia en el centro. También se puede apreciar el círculo circunscrito a un cuadrado. Obviamente también existen diferencias, la mayor de las cuales tal vez sea que el cielo alquímico es esférico, como las esferas de Platón. Dicha simbología la encontramos aún en la bandera de la Unión Europea.

§

Repaso del capítulo 4

Las respuestas correctas se hallan en la página 134.

1) ¿Qué intencionalidad parece poseer la fiesta del *Inti Raymi*?

A Despertar al Puma de su letargo

B Permitir que la energía evolutiva del alma colectiva pueda continuar su ascenso desde el centro del ombligo al del corazón

C Comunicar al pueblo conocimiento sobre la energía evolutiva del alma

D Entretener al pueblo con celebraciones banales para mantenerlos en la ignorancia

---

2) ¿Porqué el puma representado por la ciudad del Cusco antiguo está mirando hacia el noroeste?

A Para así contemplar el futuro

B Para señalar la dirección ascendente de la energía evolutiva colectiva por el camino de *Wiracocha*

C Por ninguna razón especial

---

3) ¿Con qué acto está vinculada la fiesta de la Luna?

A Con la cosecha

B Con el día más largo del año

C Con las lluvias

D Con la siembra

---

4) ¿Dónde se guardaba a *Yawirka*?

A En el Templo del Sol

B En un almacén del Templo de Sol

C En la casa del inka

D En la laguna del lugar de llanto

5) ¿Porqué está el sacerdote inka de la imagen contemplando con los brazos abiertos las piedras del convento cristiano?

A Para alabar a Dios

B Para mostrar su desacuerdo por la construcción del mismo

C No está contemplando al convento sino al Sol que se alza tras el mismo

---

6) ¿Porqué el *Inti Raymi* se celebra durante el solsticio de junio?

A Por ser la noche más corta

B Para celebrar San Juan

C Por ser el día más corto

D Por ser la noche más larga

---

7) ¿En que chakra se suele concentrar primero un practicante de *Kundalini yoga* para despertar la energía evolutiva del alma para que inicie su camino de ascenso?

A En el chakra del periné, pues en éste reside tal energía

B En el chakra del entrecejo, para que su maestro interior le guíe durante la experiencia

C En *Surya*, el sol interno ubicado en el plexo solar

D En el del centro del pecho, para así activar su energía de amor

---

8) ¿Porqué *Yawirka* era bicéfala?

A Para simbolizar los dos canales: el lunar y el solar

B Como expresión de poder

C Para simbolizar la transcendencia del ego

---

9) ¿Cómo es el cielo inka?

A Circular

B Triangular

C Cuadrado

D Octogonal

---

10) ¿Qué nombre le dieron los cronistas a *Yawirka*?

A *Sacha'mama*

B Maroma

C Culebra

D Serpiente bicéfala

11) ¿Podríamos definir *Inti Raymi* como una especie de...?

A Paganismo americano

B Reiki colectivo

C Acupuntura urbana

D Iniciación en masa

12) Relaciona cada etiqueta con su posición correcta

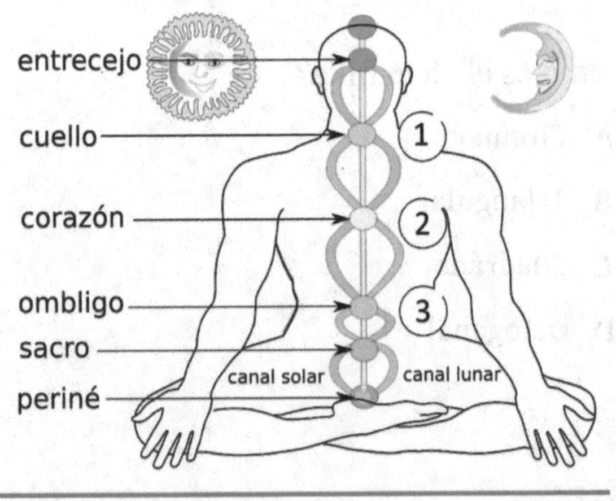

A *Llankay* **B** *Yach'ay* **C** *Munay*

13) ¿Qué simbolismo poseen las plumas en la cabeza del inka?

A Realeza

B Su conexión con el mundo celestial

C Poder

D Magnanimidad

14) ¿Cómo han expresado otras culturas la unión paritaria entre el agua y el fuego?

A Agua quemada (Cultura Tolteca)

B Alquimia (Islam, Europa)

C *Doshas* (Ayurveda)

D Yin-Yang (Taoísmo)

Solución a las preguntas del capítulo 4

1) **A - B - C**
2) **B**
3) **D**
4) **B**
5) **C**
6) **C - D**
7) **B**
8) **C**
9) **C**
10) **B**
11) **B - C - D**
12) **1B, 2C, 3A**
13) **B**
14) **A - B**

Capítulo 5

Registros en los emblemas

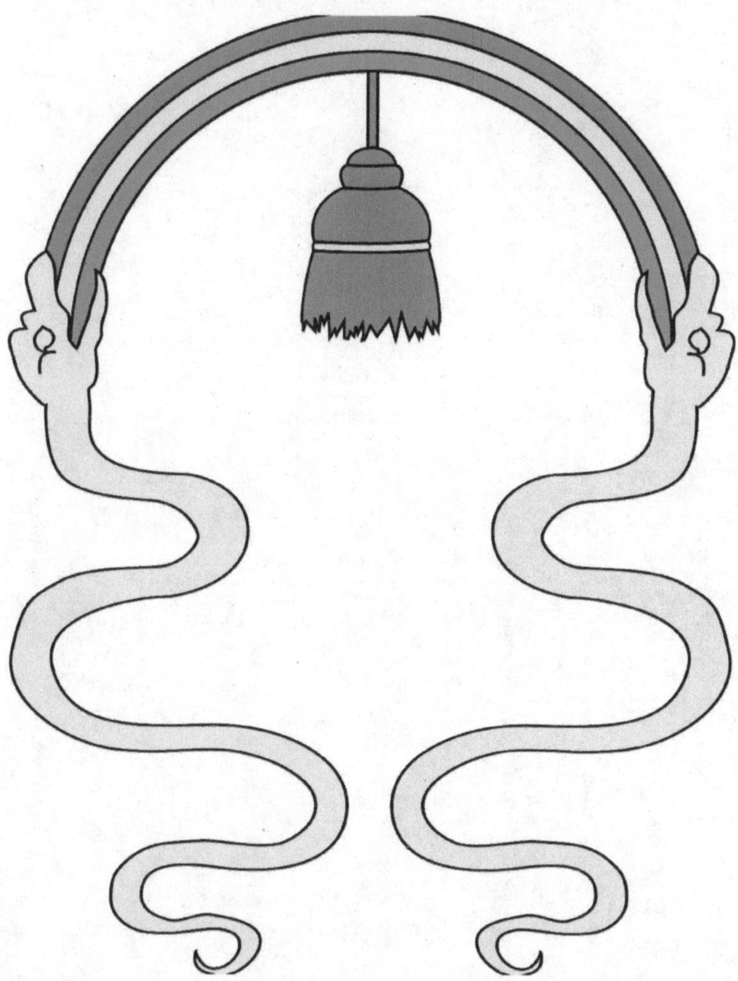

Escudo del Tawantinsuyu por Huhsunqu. Creative Commons.

El escudo de Manco Cápac

A inicios del siglo XVIII empieza a incrementarse el interés de la elite criolla[1] limeña por la historia precolonial del país. Con ello se permitía a los 'indígenas' acudir a las celebraciones reales para organizar mascaradas en las que representar a sus antiguos mandatarios. Las mascaradas fueron un tipo de entretenimiento cortesano festivo que floreció en Europa entre el siglo XVI y principios del XVIII en el que se hacía uso de la música, la danza, el canto y la interpretación, dentro de una elaborada escenografía.

Según nos cuenta el boliviano Jesús Lara, durante el inkanato se habían dado dos tipos de teatro: el *aranway*, parecido a la comedia, el cual trataba temas cotidianos, y el *wanka*, que escenificaba las hazañas de los monarcas, conservando así la memoria histórica de la dinastía. Por ello, de habérsele permitido, el indígena andino habría creado con suma facilidad un conjunto de actuaciones y representaciones con las que transmitir su versión de la historia. Sin embargo, las mascaradas se limitaban a la simple representación de las dinastías inkas, en las que aparecía el monarca y sus séquitos, pero sin que hubiera desarrollo dramático, sin que se pudiera comunicar de otra forma que no fuera por el vestuario y los emblemas utilizados. Aparte, estaban muy influenciadas por la estética barroca del momento y por el protocolo típico de la corte europea.

Vemos, pues, cómo tras doscientos años de colonización, los niveles de opresión se estaban relajando, ya que poco antes ni mediante el vestuario fue posible comunicar. Aquel anterior

1 Criollo era aquel nacido y criado en América de descendencia Europea. Hacia el siglo XVIII, los criollos de origen español eran propietarios de la mayor parte de las tierras y también controlaban el comercio, pero las reformas borbónicas los habían excluido de los principales cargos públicos.

nivel de censura y persecución de la cultura autóctona quedó claramente reflejado en las ordenanzas de Toledo, las cuales decían:

> *"que no se labren figuras en la ropa, ni en vasos, ni en las casas (...) y por cuanto dichos naturales también adoran algún género de aves y animales, y para el dicho efecto los pintan e labran en los mates que hacen para beber y de plata y en las puertas de sus casas y los tejen en los frontales, doseles de los altares e los pintan en las paredes de las iglesias. Ordeno y mando que los que hallaren los hagáis raer y quitaréis de las puertas donde los tuvieren y prohibiréis que tampoco los tejan en la ropa que visten poniendo también sobre esto especial cuidado".*
>
> *Teresa GISBERT, "Arte textil y mundo andino", La Paz, Gisbert y Cía S.A., 1987, p. 10.*

Aún así, los niveles de opresión se estaban suavizando de forma controlada, para evitar que ello conllevara un incremento de las reivindicaciones y un renacimiento del pensamiento indígena.

En dicho contexto, Pedro de Peralta nos describe el escudo de Manco Cápac, con el que un grupo de nativos cerraron el séquito de una mascarada en el año 1723. Tal evento, organizado por la corte limeña, se encuadraba en la celebración de la boda entre Don Luis Fernando, príncipe de las Asturias, y la Princesa de Orleáns. La descripción original del escudo dice:

> *El regio alférez enarbolaba en hasta de oro el primitivo escudo, que era tymbre, y le llevaba como imagen. En campo verde ostentaba este un fiero tigre al pie de dos copadas plantas de hortaliza (símbolo aquél de la fiereza que reduxo, y éstas de la cultura que enseñó) y dos coronadas sierpes a los extremos de un iris hermoso (hieroglíphico de la prudencia, y de la benignidad que exercitaba) de cuyo medio pendía una lámina o unancha de oro, y de ésta una purpúrea borla, de que naciendo dos cordones, remataban, por uno y otro lado en las figuras del*

Sol y de la Luna.[2]

Por la interpretación que nos aporta Pedro de Peralta, no parece que ni él, ni sus contemporáneos criollos, ni las autoridades eclesiásticas, comprendieran plenamente el simbolismo del escudo, pues de haberlo hecho, no habrían dejado que tal muestra de 'blasfemia' fuera abiertamente exhibida y menos por un 'indígena' haciendo alusión a Manco Cápac.

Interpretación del escudo hecha por el autor y pintado por Mintsi Griso.

2 Pedro de PERALTA BARNUEVO, "Júbilos de Lima y fiestas reales que hizo esta muy noble y leal ciudad... en celebración de los augustos casamientos del serenísimo señor don Luis Fernando, príncipe de las Asturias, nuestro señor, con la serenísima princesa de Orleáns...", Lima, Imprenta de la Calle de Palacio, 1723, fol. 69v-70r.

El simbolismo tuvo que mantenerse escondido, para evitar la censura.

Parecemos encontrarnos de nuevo ante una representación del cuerpo sutil humano, donde:

El tigre no es símbolo de la 'ferocidad', tal como Peralta pretende, sino de la voluntad que emana del centro energético del *Qosqo*. El artista, de habérsele permitido tal cosa, hubiera pintado un puma, pero el Virrey Toledo, en sus ordenanzas, prohibió cualquier representación de los animales sagrados del andinismo.

En cuanto a las dos copadas plantas de hortaliza, desconocemos cuáles fueron, lo que dificulta su interpretación. Lo que si podemos deducir es que esas plantas simbolizaban el alimento que nos sustenta y las raíces que nos unen a la tierra.

Constituyen por ello una alegoría similar a la del Árbol de la Vida. En la imagen se muestran el maíz y la patata.

Las dos serpientes coronadas parecen simbolizar los dos canales laterales, el lunar y el solar.

El arco iris expresaría la unión de dos contrarios: el agua (vinculada al canal lunar) y la luz del Sol (vinculada al canal solar). Constituye el caleidoscopio de colores que proyecta el cuerpo sutil en aquellos puntos en los que ambas energías (solar y lunar) se entremezclan. Simboliza pues a *Sach'amama* y nada tiene que ver con la 'prudencia' de la que nos habla Peralta.

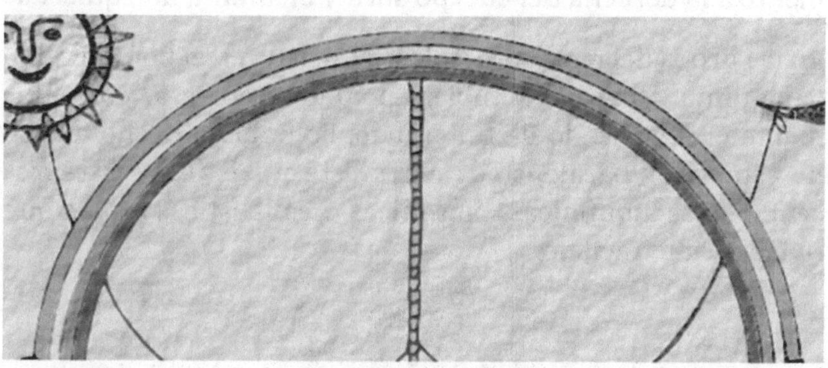

La lámina de oro con una borla purpúrea que cuelga del centro del arco iris simbolizaría el canal central, o *Qhapaq Ñan*. La borla es purpúrea al ser justamente ése el color emitido por los centros energéticos superiores. La lámina es de oro, por ser dorado el color que irradia el canal central cuando es activado por el *Amaru*.

Aparecen entonces los dos cordones conectando la borla con el Sol y la Luna.

Seguramente el Sol estuviera ubicado a la izquierda del escudo y la Luna a la derecha, pero Peralta no se fijó en esos detalles, pues no los comprendía.

Recordemos que, por tratarse de una representación de nuestro cuerpo sutil, la imagen debe ser interpretada cómo el reflejo en un espejo, por lo que el canal solar se halla realmente a la derecha del cuerpo sutil y el lunar a la izquierda.

En la Europa del momento, sólo un iniciado en el hermetismo, la alquimia o la cábala hubiera podido interpretar correctamente el significado de tal escudo. Lo hubiera hecho a base de establecer paralelismos entre éste y las diversas representaciones alquímicas, masónicas o cabalísticas en las que hubiera sido iniciado.

De la serie Azoto de Vasilio Valentín. Siglo XIV

De la obra alemana "El Compás del Sabio". Siglo XVIII

De la serie Rosarium philosophorum. Siglo XVI

No debe por ello extrañarnos que el escudo del *Tawantinsuyu*, del Estado o Confederación Inka, fuera justamente el de dos serpientes mordiendo el arco iris, de cuyo centro cuelga una borla.

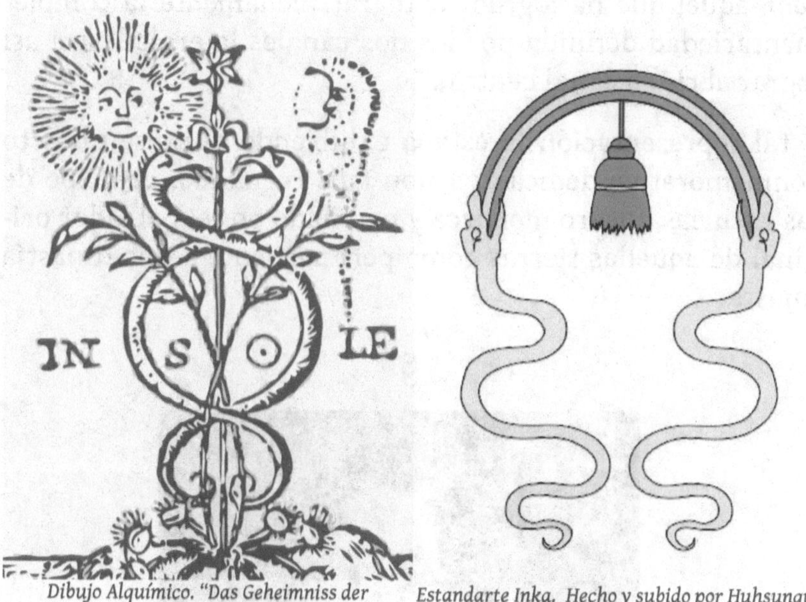

Dibujo Alquímico. "Das Geheimniss der hermetischen Philosophie", Frankfurt 1770.

Estandarte Inka. Hecho y subido por Huhsunqu. via Wikimedia Commons.

Ni que el inka llevara una corona con dos serpientes entrecruzadas a la altura de su entrecejo, representando el punto en el que ambos canales laterales vuelven a unirse. Representaciones similares las encontramos entre los faraones del Antiguo Egipto.

Faraón Amasis. 26ª dinastía. Neues Museum.

Inka Atahualpa. Brooklyn Museum

De ahí que el 'regio alférez' mencionado por Peralta, aunque parece estar mostrando un escudo de Manco Cápac, el primer inka, a los ojos del andino estaba realmente mostrando el alma de *Mallku Qhapaq*, del Gobernante (*Mallku*) Justo (*Qhapaq*), aquel que ha logrado integrar plenamente la complementariedad definida por los dos canales laterales para así lograr abrir su canal central.

Y tal representación la estaba exhibiendo durante un acto conmemorativo dedicado a Don Luis Fernando, príncipe de las Asturias, futuro monarca y percibido por el poblador original de aquellas tierras como perteneciente a una dinastía injusta.

§

Luis de Borbón y Saboya, príncipe de Asturias (futuro Luis I de España). 1923. Pintado por Jean Ranc. Museo del Prado.

Repaso del capítulo 5

Las respuestas correctas se hallan en la página 148.

1) ¿Qué representa el tigre del que Peralta nos habla?

A La fiereza

B El valor

C Un puma

D La voluntad

---

2) ¿Cuál de las seis imágenes es la más antigua?

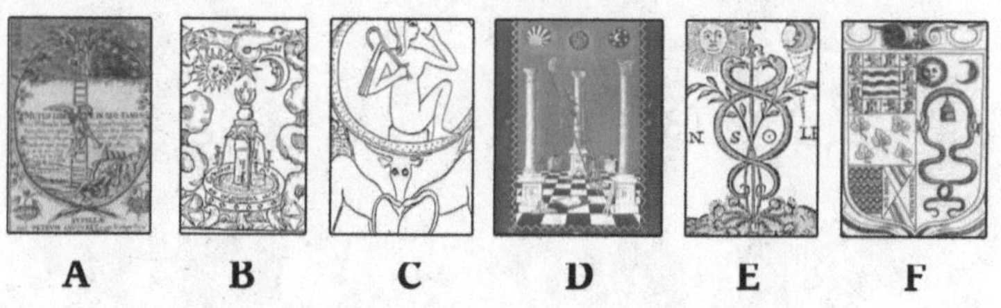

A **B** **C** **D** **E** **F**

---

3) ¿Cual de las tres imágenes es andina?

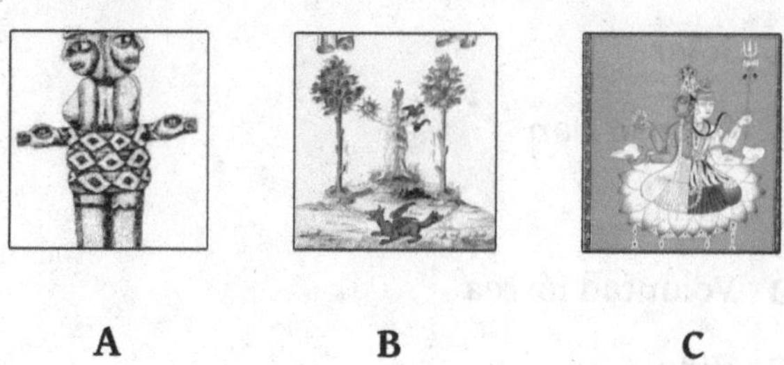

A **B** **C**

---

4) ¿Cual de las siguientes afirmaciones es cierta en relación a las anteriores tres imágenes?

   A La andina y tántrica son paritarias y la alquímica andrógina

   B Las tres son andróginas

   C Las tres son paritarias

   D La andina es paritaria y las otras dos andróginas

---

5) Relaciona cada concepto con su número

   A Solar

   B Qhapaq Ñan

   C Lunar

   D Voluntad férrea

   E Vida

   F Luz y agua

---

6) La siguiente imagen procede del Templo de la Luna, en el Cusco ¿Quién ordenó que la serpiente fuera mutilada?

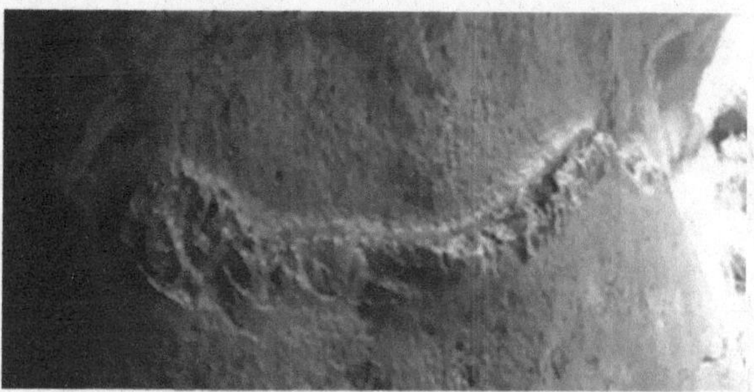

A Pedro de Peralta Barnuevo

B Felipe II de Castilla

C Francisco Álvarez de Toledo

D Atawallpa

---

7) ¿Qué simbolizaba la anterior imagen?

A Satanás

B Era una serpiente negra que simbolizaba la energía negativa con la que uno entra en el templo. Junto a ésta había otra blanca de mayor tamaño, símbolo de la energía positiva con la que uno sale del mismo

C El canal solar

D EL Amaru

Solución a las preguntas del capítulo 5

1) **C - D**

2) **C**

3) **A**

4) **A**

5) **1F, 2B, 3A, 4E, 5C, 6D**

6) **C**

7) **B**

Capítulo 6

Registros en las Danzas

Danzante durante la Festividad de Qoyllorit'i 2009

Las tres pruebas

Con la independencia del Perú, en el año 1821, los descendientes de europeos sintieron la necesidad de marcar un referente cultural propio, que no fuera ni europeo ni indígena. Tal referente se consiguió a partir de la mezcla de elementos de ambas culturas. Constituye el fenómeno llamado criollismo.

El criollismo, aunque también incorpora elementos indígenas, tendió a percibir el mundo andino como caduco y opuesto a la modernidad, mientras que lo europeo fue admirado con una cierta propensión a la nostalgia. Era la añoranza sentida al contemplar la cultura de la que procedían. Sin embargo, esa misma admiración estaba empañada del reproche que se parece al ver cómo la 'madre patria' les había relegado a un segundo plano durante el periodo colonial.

La independencia no trajo para el mundo andino ninguna mejora sustancial respecto de la situación en la que se había encontrado durante el colonialismo. El andino siguió ocupando la tercera fila, aquella de la servidumbre, siendo únicamente las dos ringleras más poderosas las que intercambiaron posiciones. Su arte, incluida la danza, se siguió viendo como una expresión artística inferior.

Esa percepción permaneció más o menos inalterada hasta el siglo XX. Fue entonces cuando el mundo académico empezó a mostrar interés por las expresiones culturales 'populares'. Para describirlas, tomó una palabra inventada a mediados del siglo XIX. Era el folklore. Tal concepto resultaba de unir los vocablos ingleses *folk* (pueblo) y *lore* (tradición o conocimiento).[1] Así, el folklore consistió en el estudio y la

1 Williams J. Thomas la propuso por primera vez en 1946 en la revista londinense *Atheneum*.

contemplación de expresiones artísticas y culturales de las clases populares, pero desde parámetros puramente occidentales y normalmente academicistas.

Con el folklore, las danzas andinas pasaron de ser menospreciadas a ser consideradas curiosidades antropológicas. Ya no estaban por debajo de las danzas criollas, sino que para el academicismo occidental, tan propenso a etiquetar, ahora eran expresiones de lo mismo. No importaba que los referentes culturales que originaron unas u otras fueran completamente distintos. El folklore las había convertido a todas ellas en danzas populares peruanas.

Observamos cómo la cultura andina tuvo que pasar tres pruebas en el transcurso de los últimos cinco siglos. Primero, fue la prueba de los tribunales eclesiásticos, con el riesgo de que sus tradiciones ancestrales fueran tildadas de idolatrías o herejías. Fue el periodo de las ordenanzas de Toledo, comentado en el anterior capítulo. Entonces, alcanzado el proceso de independencia, tuvo que pasar la prueba del criollismo, quienes tomaron elementos de las mismas, pero las continuaron marginando. Y más recientemente, tuvieron que pasar la prueba del academicismo antropológico, el cual la contempló como folklore, como expresiones artísticas de las clases populares, para ubicarlas en la misma cesta del folklore criollo, la cesta de las danzas peruanas. Pero ¿pertenecen a esa misma clase?

El mundo andino y su danza

Cuando el andino danza, comunica con todos los poros de su piel. Comunica con el color, los tonos, los materiales, los símbolos y los emblemas de su vestuario. Comunica con los objetos que porta, como sombreros, pasamontañas, cintas de colores o varas de mando. Comunica con sus movimientos coreográficos, con los ritmos marcados y los pasos realizados.

Comunica con las melodías, los cantos, los gritos y los clamores. Comunica con el lugar en el que danza, con el momento del día y la estación del año. Tanto comunica que una sola danza se transforma en un libro.

Comparar eso con una danza 'folklórica' europea o criolla es como comparar una noche estrellada con una noche nublada, argumentando que en ambos casos se trata de una expresión de lo mismo: del cielo. Implica afirmar que las estrellas no son más que el cielo de la noche engalanándose con pequeños puntos luminosos dispuestos al azar y sin coherencia. Es afirmar que el firmamento es el traje de luces con el que se viste la noche, un mero vestuario, mientras que las nubes son otro disfraz, esta vez de lana sedosa oscura.

Pero el andino sabe que no es así, pues de la misma forma que cada estrella tiene su posición en el firmamento, cada comunidad (*ayllu*) y cada individuo también posee su estrella sobre la tierra, su lugar en el mundo, para, a partir del principio de reciprocidad (*ayni*), constituir juntos verdaderas constelaciones humanas. El territorio refleja así el orden celeste, y las danzas constituyen uno de los formatos utilizados para compilar y transmitir ese orden, esa cosmovisión.

De ahí que 'folklore' tal vez sea una buena palabra para describir las danzas criollas y europeas, pero cuando se trata de danzas andinas, de una cultura que, por no disponer de escritura formal, buscó comunicar a partir de todas las restantes expresiones artísticas, la etiqueta que hay que ponerles no es la de tradición del pueblo (*folk·lore*), sino la de sabiduría cultural. Cultura es aquello que se cultiva y sabiduría es la flor, que crecerá y madurará, hasta acabar dando su fruto.

Q'anchi de Mamuera

Fueron tantas las pruebas que tuvo que pasar la cultura andina durante el transcurso de los últimos cinco siglos que incluso el propio andino muchas veces olvidó. Recuerda aquello que pudo ser conservado en pequeñas comunidades aisladas del altiplano, como los q'ero. Recuerda fragmentos de aquello que para no ser perdido, tuvo que ser fusionado con lo foráneo, dando lugar al fenómeno del sincretismo. Pero olvidó cómo interpretar muchos de sus registros, pues durante cinco siglos se le dijo que era culturalmente analfabeto y que, por lo tanto, no tenía registros que leer ni nunca los tuvo.

Por suerte, el desconocimiento de tales registros permitió salvar gran parte de ellos. Se salvaron para que, llegado su momento, pudieran ser leídos y recuperados. Una danza que, de haberse sabido descodificar, no hubiera pasado ni tan siquiera la primera prueba, aquella de los tribunales eclesiásticos, es, a mi entender, el Q'anchi de Mamuera. Su descripción oficial dice que es de carácter agrícola, procedente de la provincia de Canchis, departamento del Cusco. Se afirma concretamente que:

> *Tiene como representantes principales dos varayoq que representan el primer y segundo semestre del año agrícola, acompañados de dos jóvenes mujeres y seguidos de doce varones colocados en dos columnas, derecha e izquierda, de seis miembros cada una, que representan los doce meses del año. Los de la izquierda son los meses impares, es decir: enero, marzo, mayo, julio, setiembre y noviembre. Los de la derecha, los meses pares, es decir: febrero, abril, junio, agosto, octubre y diciembre.*
>
> *Fuente: Centro Artístico Cusco*

Sin embargo, cuando la observo, a mí me parece que está representando algo muy distinto. Entre otras cosas, porque no siempre vi que fueran doce los varones, de manera que si no son doce, ¿cómo van a reproducir el año inka, el cual, al igual que el gregoriano, también estaba constituido por doce meses?

De la interpretación del vestuario y de la lectura de los distintos movimientos coreográficos deduzco que, seguramente, se trate de una representación del cuerpo sutil humano. De ser así, el camuflarla como danza agrícola permitió que se conservara hasta nuestros días, sin que fuera erradicada durante el periodo colonial. Sin embargo, con el paso del tiempo, los hijos de aquellos que la camuflaron en los ropajes inofensivos de una danza agrícola, también olvidaron, puesto que, si no fue por el colonialismo, fue a causa del criollismo y, si no, del folklorismo.

Para empezar, diremos que en la lengua quechua Q'anchi significa 'siete' y también 'juguetón'. Siete como el número de centros energéticos que muchas tradiciones espirituales consideran como principales, entre ellas la andina. Siete también como los colores del arco iris. Juguetón como el Amaru o energía evolutiva del alma.

En cuanto al vestuario, los danzarines suelen vestir ropa negra o verde oscuro ajustada, sobre la cual añaden prendas de vivos colores. Es decir, colorido sobre un fondo oscuro, para así representar el caleidoscopio de colores proyectado por el cuerpo sutil. También portan cintas adornadas con los diversos colores del arco iris, que danzarines

Danza Canchis. Cusco. 2011

distintos agarran por ambos extremos para crear lazos entre ellos. Dichas cintas de colores simbolizan los *chumpis*, arcos multicolores que rodean el *poq'po* (burbuja energética del cuerpo humano) a la altura de cada centro energético o *ñawi* (ojo).

Los dos bailarines con la vara de mando (*varayoq*), aquéllos que según la versión oficial del significado de la danza representan los dos semestres agrícolas del año (húmedo | seco), también visten una corona de colores.

Varayoq del Q'anchi. © 2009 Hector Bayes M. de la compañía folklorica Tierra Mía Peru.

Interpreto que la corona vendría a representar la fuente de colores que emana de la coronilla de aquel que ha logrado transmutar sus deseos, para permitir que el Amaru ascienda, mientras que la vara de *varayoq* constituye un símbolo del canal central, por el que asciende la energía evolutiva del alma.

Con dichos dos símbolos se está identificando a quien alcanzó dicho estado de la consciencia, más que el periodo húmedo o seco del año.

En el budismo, lo mismo se expresa con la flor de loto que se coloca sobre la cabeza de Buda, para simbolizar que abrió *sahasrara*,

Santa Tatiana. Siglo XIX. Dominio Público.

el chakra de los mil pétalos de loto, y despertó su condición divina. En el cristianismo, se representa mediante un halo que rodea la cabeza de los santos y de Cristo.

El escritor y teósofo inglés C.W. Leadbeater nos explica la transmutación experimentada de la siguiente forma:

> *En el individuo normal [el rayo anaranjado-rojo-púrpura] aviva los deseos carnales, (...) pero si el individuo persevera en rechazar los incentivos de su naturaleza inferior, este rayo puede mediante largos y deliberados esfuerzos desviarse hacia el cerebro, en donde sus tres colores constituyentes experimentan notable modificación, porque el anaranjado se transmuta en amarillo puro e intensifica las facultades intelectuales; el rojo oscuro se convierte en rojo encendido o carmín que acrecienta poderosamente el amor incondicional; y el púrpura intenso se cambia en un hermoso violeta pálido que aviva la parte espiritual de la humana naturaleza.*
>
> *Quien logra esta transmutación ya no se ve atormentado por deseos sensuales, y cuando necesite levantar las capas superiores del fuego serpentino se verá libre del más grave peligro de este procedimiento.* 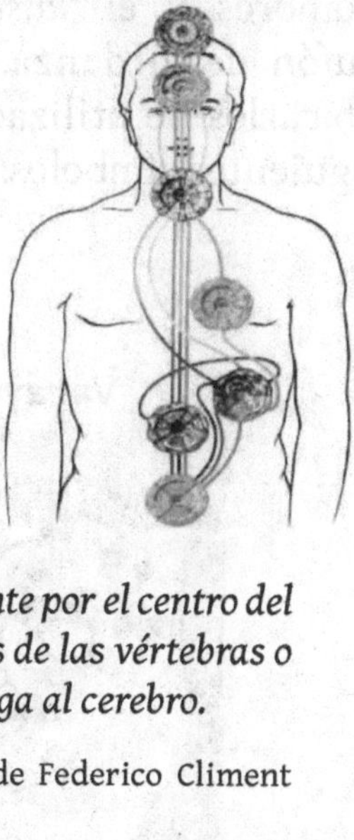
>
> *Cuando el individuo ha completado definitivamente dicha transmutación, el rayo anaranjado-rojo penetra derechamente por el centro del chakra fundamental y fluye por los agujeros de las vértebras o conducto medular hasta que sin tropiezo llega al cerebro.*
>
> C.W. Leadbeater *Los Chakras* 1927 Traducción de Federico Climent Terrer

El fuego serpentino es el Amaru, y el conducto medular no es otro que la manifestación física del canal central.

Movimientos coreográficos

La danza Q'anchi consta de más de 200 movimientos coreográficos. Existen distintas versiones, tanto en los movimientos como en el número de componentes, pues para ser considerado folklore, una de las condiciones es que disponga de múltiples variantes, sin que exista una versión oficial del fenómeno. Y por ser tradiciones vivas, éstas también van evolucionando con el tiempo. A continuación se detallan la mayor parte de los movimientos coreográficos tal como fueron danzados durante el XV Concurso de Danzas Folklóricas Panandinas en el año 2009.

Los danzantes son dos '*varayoq*' (los que llevan la vara de mando), cuatro jóvenes mujeres, dieciséis hombres y el '*kusillo*' o bufón de la danza. Para ubicarlos he utilizado los siguientes símbolos:

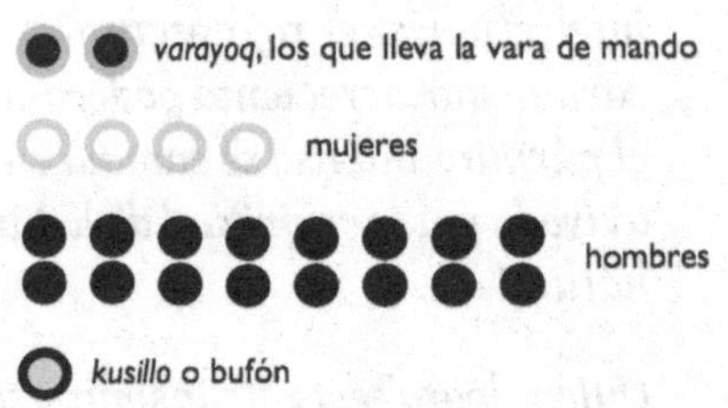

Varayoq

Kusillo

Ya se llevaron a cabo algunos movimientos coreográficos previos, pero para simplificar partiremos del siguiente:

En él observamos cómo los danzarines se colocan formando dos columnas, con los *varayoq* en la cúspide de cada una de ellas, las cuatro mujeres en la zona superior, y el *kusillo* en la parte central inferior.

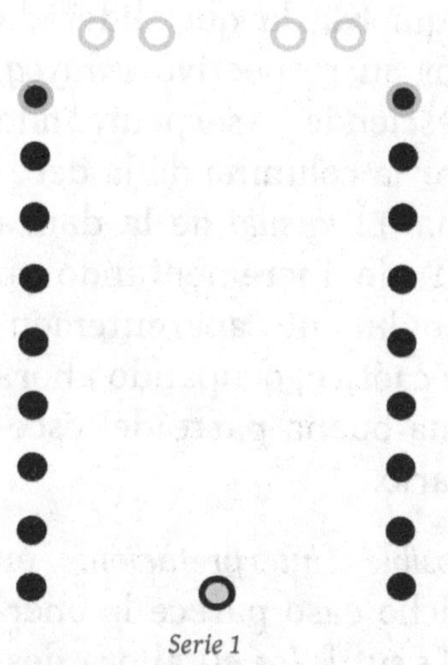
Serie 1

Posible interpretación: Dichas columnas vendrían a representar los dos canales energéticos laterales, el lunar y el solar.

A continuación la columna a la derecha del observador empieza a serpentear alrededor de la otra columna, con el *varayoq* a la cabeza, para regresar de nuevo a su posición original. Mientras descienden, el *kusillo* o bufón de la danza va dando vueltas como si fuera perdido, y las cuatro mujeres bailan de lado a lado, al ritmo de la melodía, pero sin moverse del lugar.

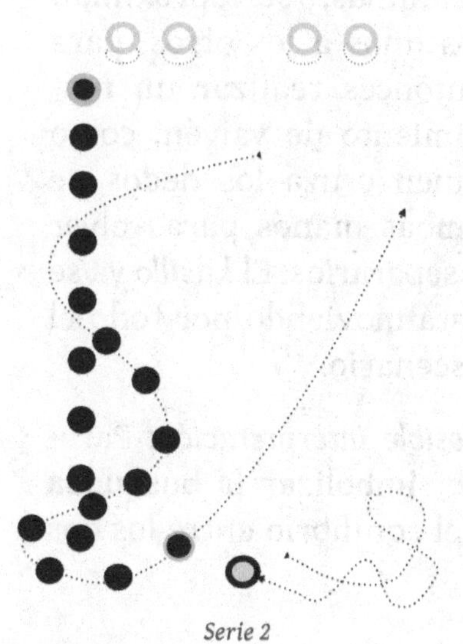
Serie 2

Posible interpretación: parece simbolizar la energía sutil (*sami*) descendiendo por el canal solar (izquierda del observador).

La siguiente serie de movimientos coreográficos nos muestra la secuencia simétrica. Ahora es la columna de la izquierda la que, liderada por su respectivo *varayoq*, desciende serpenteando por la columna de la derecha. El *kusillo* de la danza ha ido incrementando su movimiento aparentemente caótico, ocupando ahora una buena parte del escenario.

Serie 3

Posible interpretación: en dicho caso parece la energía sutil, (*sami*) ahora descendiendo por el canal lunar (izquierda del observador).

A continuación los danzantes, aun dispuestos en dos columnas, se aproximan los unos a los otros, para entonces realizar un movimiento de vaivén, como quién cruza los dedos de ambas manos para volver a separarlos. El *kusillo* ya se está moviendo por todo el escenario.

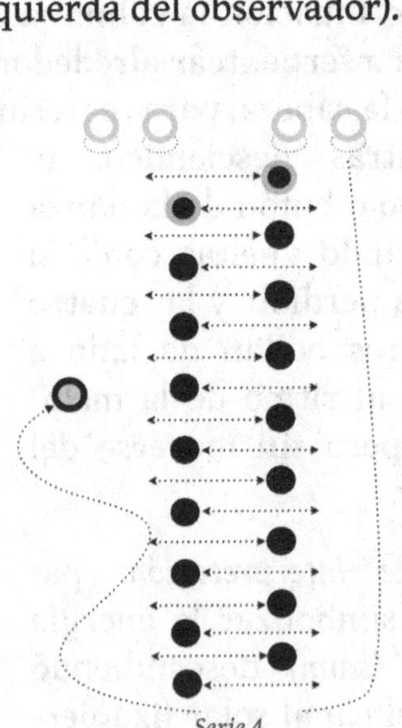
Serie 4

Posible interpretación: Parece simbolizar la búsqueda del equilibrio entre los dos canales laterales, para así posibilitar la apertura del canal central.

En la siguiente serie de movimientos coreográficos observamos cómo las dos columnas laterales pasan a constituir un canal en el que los dieciséis hombres crean arcos con las cintas multicolores por debajo de los cuales pasarán los dos *varayoq*, las cuatro mujeres, y el *kusillo*.

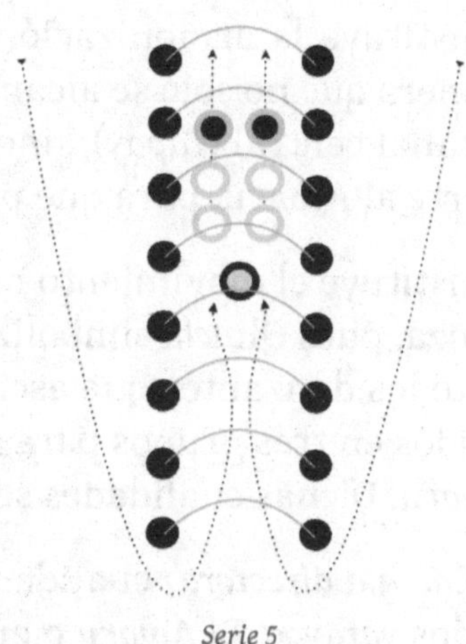

Serie 5

Posible interpretación: La tradición andina utiliza el concepto *yanantin* para definir la relación entre expresiones paritarias. El hombre y la mujer, el Sol y la Luna o el canal solar y el lunar son ejemplos de *yanantin*. Son relaciones que, una vez alcanzado el equilibrio, permiten el nacimiento de algo nuevo. Por ejemplo, en el caso del hombre y la mujer, es el nacimiento de un hijo. En el caso del Sol y la Luna, es la vida sobre la Tierra,[2] en el caso de los dos canales laterales, es la transición del alma al siguiente estadio evolutivo.

Según la cosmovisión andina, para alcanzar dicho equilibrio, primero se pasa por un estadio inicial, llamado *Tinkuy*, que comienza en el momento del encuentro. El segundo estadio, llamado *Tupay*, constituye aquel en el que se miden fuerzas y empieza el choque de voluntades hasta que se alcanza el equilibrio. Finalmente, en el tercer estadio se juntan las energías

2 Tal equilibrio es evidente si tenemos en cuenta que el perímetro del Sol y la Luna vistos desde la tierra es el mismo, dado que a pesar de que el sol es 400 veces más grande, también se halla 400 veces más lejos.

para que trabajen juntas. Constituye el estadio de armonización, llamado *Taqe* por el andino.[3]

Introducidos tales conceptos, podríamos interpretar dicha serie de movimientos coreográficos como el tercer estadio. Constituye la armonización entre los dos canales (*Taqe*), de manera que no sólo se alcance el equilibrio que permita abrir el canal central (*Tupay*), sino que se logre la armonía que despierte al Amaru, para que pueda ascender por el mismo.

Constituye el movimiento que, en mi opinión, da nombre a la danza, pues *Q'anchi* simboliza tanto siete como juguetón. Son siete los danzantes que ascienden, los cuales estarían distribuidos en tres grupos para simbolizar las tres cualidades del *Amaru*. Dichas cualidades son:

Energía directora, cualidad que viene representada por los dos *varayoq*. El *Amaru* o energía evolutiva del alma dirige y esculpe, por ejemplo, el proceso de creación del feto, para, una vez constituido, enroscarse en el centro energético del periné del bebé aun no nacido, y permanecer allí hasta el día en que esa fuerza latente sea despertada.

Energía femenina, puesto que procede de la tierra, de la *Pachamama*, cualidad representada por las cuatro mujeres.

Energía juguetona, cualidad representada por el *kusillo* o bufón.

3 Información extraída de Parisi Wilcox, Joan *Keepers of the Ancient Knowledge*. Vega 2001

En la siguiente serie de movin mos cómo ahora son los hombres, que en parejas, y sin dejar de sostener su cinta de colores, empiezan a danzar por debajo de los arcos de colores que crearon sus compañeros.

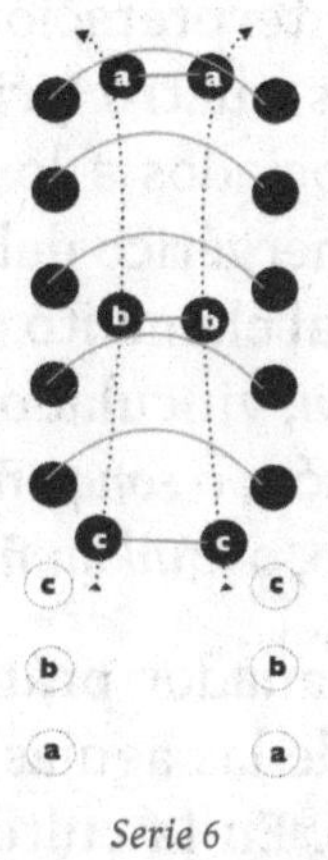

Serie 6

Posible interpretación: Una vez ascendido el *Amaru*, con él también asciende nuestro cuerpo sutil o alma. Según la tradición tántrica, con dicho ascenso la *kundalini* pasará a enroscarse al nivel del centro energético base del siguiente nivel evolutivo, es decir, en el Do de la siguiente octava, el cual está ubicado justo por encima del chakra de la coronilla. Dicho fenómeno de transmutación del cuerpo sutil ya fue introducido al principio del capítulo, cuando se hablaba de la corona de colores que llevan los *varayoq*.

A continuación observamos cómo los dieciséis hombres se distribuyen en grupos de cuatro para rodear a cada una de las cuatro mujeres. Entonces, la mujer toma la cinta de colores de cada hombre, y juntos empiezan a rotar en sentido de las agujas del

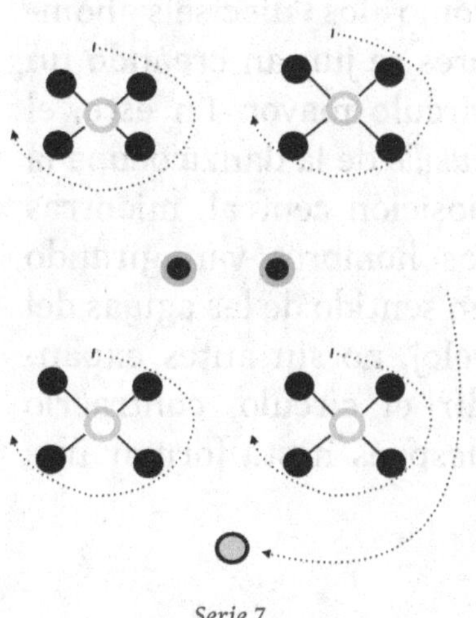
Serie 7

reloj. Mientras tanto, los *varayoq* se hallan en el centro y el *kusillo* va dando vueltas.

Posible interpretación: Dicha escena parece estar representando los cuatro primeros centros energéticos, los cuales están asociados a los cuatro elementos de la naturaleza: el centro energético del periné, o *siqi ñawi*, vinculado por el andinismo al elemento agua; el centro energético del corazón, o *qosqo ñawi*, vinculado al elemento tierra; el centro energético del corazón, o *sonqo ñawi*, vinculado a fuego; y, finalmente, el del cuello, o *kunkan ñawi*, vinculado al elemento aire.

Para el sanador pránico andino (*Chumpi paq'o*), el giro en el sentido de las agujas del reloj significa que el chakra se está abriendo. En la cultura andina, la espiral girando en dicho sentido denota el proceso de crear. En la física de fluidos, si algo está rotando de tal forma es que se está dirigiendo hacia nosotros, mientras que en el sentido inverso es que se está alejando de nosotros. De ahí que dicho giro simbolice la apertura del centro energético, el proceso creativo y el fluir de su energía hacia el cielo.

Finalmente observamos cómo los dieciséis hombres se juntan creando un círculo mayor. En éste, el *kusillo* de la danza ocupa la posición central, mientras los hombres van girando en sentido de las agujas del reloj, no sin antes expandir el círculo, contraerlo después hasta formar una

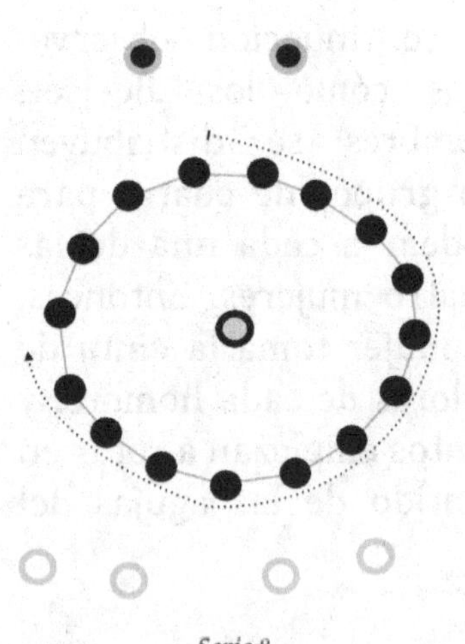

Serie 8

pelota los diecisiete juntos, y volverlo a expandir como si se tratara del latido del corazón.

Posible interpretación: En mi opinión, se está simbolizando al centro energético del entrecejo, o *uma ñawi*. Observamos cómo en dicho caso ya no son las mujeres las que se hallan ubicadas en el centro, para simbolizar el ojo (*ñawi*) del chakra. Tampoco son los *varayoq*, sino que es el *kusillo*, el bufón o '*heyoka*'[4]. Con ello se nos podría estar comunicando que muchas veces el más loco, el menos convencional, el más payaso, también es aquel que posee el tercer ojo más abierto.

§

4 En la tradición lakota, el *heyoka* es alguien de naturaleza bromista, aquel que lleva la contraria, el bufón, satírico, o payaso sagrado. Sus funciones principales son las de servir como espejo y maestro, utilizando el comportamiento extremo para así reflejar los actos de otros. Con ello les fuerza a examinar y afrontar sus propias dudas, temores, odios y debilidades. Fuente: *Heyoka* (versión inglesa de Wikipedia).

Repaso del capítulo 6

Las respuestas correctas se hallan en la página 170.

1) ¿Qué significa Q'anchi?

A Siete

B El nombre de una región

C Juguetón

D Agrícola

---

2) ¿Qué significa *varayoq*?

A El primer mes del año

B El que gobierna sobre los otros

C El que lleva la vara de mando

D El que busca la verdad

---

3) ¿En qué orden pasan los danzantes por el canal central?

A Primero los *varayoq*, después las cuatro mujeres, seguidas del *kusillo* y a continuación el resto de hombres

B Primero las mujeres, luego los *varayoq* y finalmente el resto de hombres

C Primero los hombres, luego las mujeres y finalmente los *varayoq*

D Primero los hombres, luego los *varayoq* y finalmente las mujeres

---

4) ¿Quién ocupa la posición central en el quinto y mayor círculo?

   A El *varayoq*

   B Una mujer

   C El *kusillo* o bufón de la danza

   D Un espectador

---

5) ¿Con qué centro energético estaría vinculado dicho quinto y mayor círculo?

   A El centro del entrecejo (*uma ñawi*)

   B Al centro del periné (*siqi ñawi*)

   C Al centro del corazón (*sonqo ñawi*)

   D Al centro del ombligo (*qosqo ñawi*)

---

6) ¿Por qué el bufón ocupa la posición central?

   A Para ridiculizarlo y mofarse de él

   B Para rendirle honores

   C Para no olvidar que muchas veces el más loco, el menos convencional, el más payaso también es aquel que posee el centro del entrecejo más abierto

---

7) ¿Con qué relaciona el texto la corona que lleva *varayoq*

A Con un caleidoscopio de luz y color

B Con el chakra de la coronilla

C Con el arco iris

D Con un gorro típicamente utilizado en época de siembra

Solución a las preguntas del capítulo 6

1) **A - C**

2) **C**

3) **A**

4) **C**

5) **A**

6) **C**

7) **B**

Capítulo 7

Registros en los objetos sagrados

Réplica del 'Punchao', del disco solar que se dice humo en Qoricancha. ,La réplica se halla en una baldosa de la Plaza Huch'uy Rimaqpanpa

La llegada del patriarcado

CUENTA LA "CRÓNICA del Perú" de Pedro Cieza de León:

> *La figura de Ticiviracocha y la del Sol y la Luna y la maroma grande de oro y otras piezas conocidas no se han hallado ni hay indio ni cristiano que sepa ni atine adónde está; pero, aunque es mucho, esto es poco para lo que está enterrado en el Cuzco y en los oráculos y en otras [partes de este gran reino].*
>
> *Pedro de Cieza de León Crónica del Perú. El Señorío de los Inkas. Biblioteca Ayacucho. 2005 Caracas Venezuela. pg. 370*

A estas alturas, el lector ya habrá adivinado la razón por la cual, ante el peligro de invasión, se hicieron desaparecer tales objetos.

Tenemos en la figura del *Ticiviracocha* (o simplemente *Wiracocha*) una representación del profeta o avatar de aquellas tierras. Además, constituye la representación del canal central, de la Ruta de Wiracocha, del *Qhapaq Ñan* o Camino de los Justos. Tal simbología es similar a cómo Jesús simboliza para el cristiano la *energía crística* o *Quetzalcóatl*, para el tolteca, la unión entre la serpiente (mundo de abajo) y el ave (mundo de arriba).

También tenemos al Sol, en alusión al fuego del alma, pero también al canal solar. Y a la Luna, en alusión a las aguas de las que emana la vida (acto sexual), pero también al canal lunar. Finalmente, tenemos a *Yawirka*, la maroma grande de oro, la cual simboliza la energía evolutiva del alma. Tal energía, de carácter eminentemente sexual, puede ser utilizada para evolucionar no solo el cuerpo sino también el alma. Para ello necesitamos aprender a dominarla, o sino puede hacernos caer, cuando nos dejamos dominar por ella.

De ahí la afirmación del *Hevajra Tantra*[1] "uno debe alzarse a partir de aquello que le hizo caer".

Los mencionados cuatro símbolos son el equivalente inka a aquellos descritos en el *Torah* cómo: Moisés, profeta del pueblo hebreo de la misma forma que *Wiracocha* lo fue del inka; Adán, como representación del Sol, y Eva de la Luna, mientras que la serpiente es *Nehustán*, es decir, la energía sexual utilizada para evolucionar y ascender, en vez de dejar que nos domine para caer en lo más profundo.

No obstante, tanto la serpiente como el aspecto femenino de la divinidad cayeron en desgracia cuando hacia el año 700 a. C. empezó a imponerse el patriarcado. Tal evento queda descrito en la Biblia cuando se dice:

> *Él [Rey Ezequías] quitó los altos, y quebró las imágenes, y taló los bosques, é hizo pedazos la serpiente de bronce que había hecho Moisés, porque hasta entonces le quemaban perfumes los hijos de Israel; y llamóle por nombre Nehustán.*
>
> *Sagrada Biblia, 2 Reyes, 18:4. Versión Reina-Valera antigua.*

Lilith por John Collier 1892. Dominio Público

Salomón (1011-931 a. C.) fue el último rey hebreo que también adoró los atributos femeninos de la divinidad, representados

1 Una de las obras más importantes del tantrismo, la cual se cree que fue escrita hacia el siglo IX, posiblemente en el estado de Bengala.

por *Shekinah*. Por ello, mandó escribir en el muro de su templo: “similitud entre los principios masculino y femenino”.

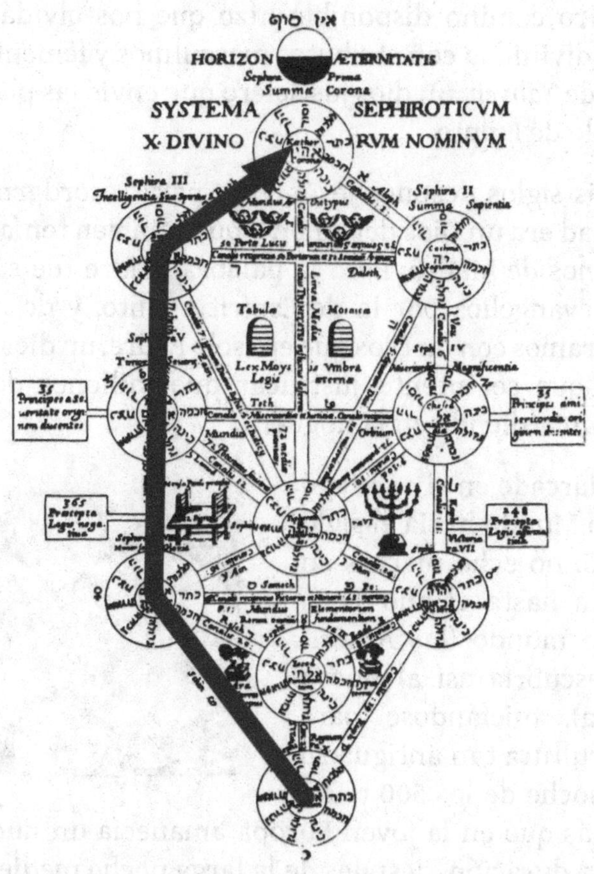

Con ello, pasamos a negarnos 21 de los 22 caminos que en el Árbol de la Vida cabalístico nos permiten acceder a la divinidad. El camino de la izquierda (derecha del lector) es el de la misericordia y está vinculado al canal lunar. El de la derecha (izquierda del lector) es el de la justicia, vinculado al canal solar. Al negar la parte femenina, las sefirot de la izquierda del árbol ya no nos resultaron accesibles. Y tampoco pudimos acceder a las sefirot centrales, dado que éstas requieren que se produzca el equilibrio entre los dos canales laterales, equilibrio que no es posible cuando uno de ellos ha sido negado.

Ese único camino disponible hizo que nos olvidáramos de *Elohim* (divinidad con atributos masculinos y femeninos) para hablar de *Yahveh*, un dios justiciero que envió las plagas sobre el pueblo de Egipto.

Dieciséis siglos después Jesús vino para recordarnos que la divinidad era un Dios del amor, y que también tenía atributos femeninos de Madre. Pero la palabra Madre fue substituida en los evangelios por la de Espíritu Santo, y de nuevo nos encontramos con un Dios que era solo Padre, un dios justiciero con el que se intentó justificar que millones de mujeres acabaran ardiendo en la hoguera.

El patriarcado en el que cayó el Viejo Mundo hacia el siglo VII a. C. no echó marras en América hasta el año 1492. El viejo mundo (las Américas) descubría así al nuevo (Europa), iniciándose para dicha cultura tan antigua su larga noche de los 500 años, mientras que en la joven Europa amanecía un nuevo día de idéntica duración, después de la larga noche medieval.

Conscientes de lo que estaba por suceder, las representaciones inkas de la divinidad desaparecieron antes de la llegada de Pizarro y sus secuaces. Con ello se buscaba salvaguardarlas durante la noche de los cinco siglos, para que no pudieran ser destruidas por el mismo fanatismo que destruyó las de Israel.

No es un fanatismo atribuible a una religión concreta, y mucho menos a las religiones en general, pues, si bien aquellos 'conquistadores' procesaban el catolicismo, éste no existía cuando el mismo tipo de fanatismo del Rey Ezequías destruyó los símbolos del templo de Jerusalén. Es un fanatismo atribuible a una Era, a un ciclo iniciado hace ahora cinco milenios y que por suerte, justo finalizó.

Fue un periodo de oscuridad y materialidad que forzó a avatares como Moisés o Jesús, a comunicar el mensaje divino de manera alegórica. Ellos sabían que sus palabras serían malinterpretadas. De ahí que sus alegorías buscaban que sólo los iniciados las comprendieran, para que el resto se quedara con los ropajes. ¿Por qué? Por ser preferible mal interpretar una inocente alegoría, que el mensaje claro y directo. Como el mismo Cristo nos comunicó:

> *"Los discípulos se acercaron y preguntaron a Jesús: "¿Por qué les hablas en parábolas?" Jesús les respondió: "A ustedes se les ha concedido conocer los misterios del Reino de los Cielos, pero a ellos, no. Porque al que tiene se le dará más y tendrá en abundancia, pero al que no tiene, se le quitará aun lo que tiene. Por eso les hablo en parábolas, porque miran, y no ven; oyen, pero no escuchan ni entienden. En ellos se verifica la profecía de Isaías: Por más que oigan no entenderán, y por más que miren no verán.*
>
> *Sagrada Biblia. Versión Reina Valera. Mateo 13:10-17*

Constituye un ciclo cimentado sobre tres pilares: la 'rueda', la 'escritura' y el 'dinero'. Son tres pilares surgidos hace ahora cinco milenios, pero que previsiblemente vayan a ir perdiendo preponderancia a medida que se manifiesten aquellos sobre los que se sustente el nuevo ciclo. Tres pilares de los cuales la cultura andina supo prescindir, sin por ello dejar de constituirse en civilización.

Ojalá que después de 500 años, podamos recibir de nuevo aquellos objetos sagrados que fueron escondidos para ser salvaguardados. Ojalá que como humanidad hayamos crecido lo suficiente como para alcanzar colectivamente el centro energético del corazón.

Solo así podremos recibirlos no como idolatrías, sino como puentes que nos conectan directamente con un pasado muy antiguo, un pasado pre-diluvial por muchos milenios olvidado. Espero que con a presente obra haya podido añadir mi granito de arena, para que todos juntos podamos iniciar ese ciclo de paz y armonía. Es la edad dorada prometida por numerosas profecías, entre ellas profecías andinas como la del *Mastay* o "del reencuentro entre la gente de las cuatro direcciones".

§

Repaso del capítulo 7

Las respuestas correctas se hallan en la página 182.

1) ¿Qué hizo el Rey Ezequías?

A Adoró las imágenes, y se escondió en los bosques, para rendir culto a la serpiente de bronce que había hecho Moisés

B Quebró las imágenes, y las desperdigó por los bosques, e hizo reverencias a la serpiente de bronce que había hecho Moisés

C Escondió las imágenes y se refugió en los bosques, huyendo de la serpiente de bronce que había hecho Moisés

D Quebró las imágenes, y taló los bosques, e hizo pedazos la serpiente de bronce que había hecho Moisés

---

2) ¿Qué tiene en común la rueda, la escritura y el dinero, los tres artificios sugeridos por el libro como pilares de la era que justo finalizó?

A Los tres proceden de la civilización Sumeria

B Los tres aparecieron hará ahora unos 5.000 años

C Ninguno de los tres existía en América cuando llegaron los europeos

D Los tres centralizan poder

---

3) ¿Cuál de los tres pilares fue aplicado por la civilización inka?

A Los tres

B El dinero

C La rueda

D Ninguno de los tres

---

4) En el antiguo testamento se cuenta como los bastones del faraón y Moisés se convirtieron en serpientes y entablaron una lucha, la cual venció Nehustán, la serpiente de Moisés. ¿Cuál crees que pueda ser el significado alegórico de dicho relato?

A Que Moisés era más poderoso

B Que Moisés era más sabio

C Que Moisés era más astuto

D Que Moisés era más magnánimo

---

5) El árbol de la vida nos muestra dos senderos laterales y uno central, y un total de 22 caminos para acceder la *sefirot* superior. Al negar nuestra parte femenina, ¿cuántos senderos calculas nos quedaron para alcanzar la *sefirot* superior?

A Veintiuno

B Uno

C Doce

D Seis

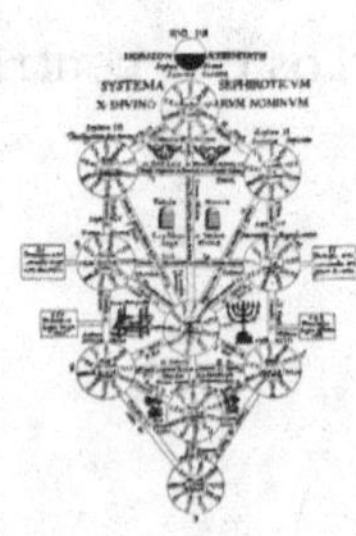

---

6) Se argumenta que al negar el sendero femenino (lunar e izquierdo) nos queda un solo camino para acceder al mundo de arriba, dado que sin complementariedad no puede alcanzarse el equilibrio que nos abra el sendero del centro. ¿Cual crees que sea ese único camino?

A El de un dios justiciero

B El de un dios misericordioso

C El de un dios del amor

D El del místico

---

7) ¿Y cómo se llamó a dicho dios justiciero?

A Jeovah

B Elohim

C Yahveh

D Wiracocha

Solución a las preguntas del capítulo 7

1) **D**

2) **B - D**

3) **D**

4) **B**

5) **B**

6) **A**

7) **C**

Otras obras del autor

Mastay

La Alquimia del Reencuentro

La profecía del Mastay predice el futuro advenimiento de una era de luz y armonía; de un día que empezará iluminado por un nuevo Sol.

Ese día se iniciará con la reintegración entre la «gente de las cuatro direcciones». El propósito de este libro es facilitar dicho reencuentro y descubrir qué puede suceder entonces. Para ello, se explica un fragmento significativo de la vida de cuatro personajes, donde cada uno representa un elemento, dirección y civilización. El primer personaje representa a la gente de aire, la dirección Este y a la civilización Oriental. El segundo representa a la gente de agua, la dirección Norte y al Islam. El tercero a la gente de fuego, la dirección Oeste y a la civilización Occidental. Finalmente, tenemos al cuarto personaje, una mujer aborigen australiana que representa a la gente de tierra, la dirección Sur y a todas las primeras naciones.

En el quinto capítulo, titulado "El punto de reencuentro", los cuatro personajes mantienen una conversación. Ellos se reúnen con la esperanza de generar la chispa que provoque el mismo reencuentro entre todos y cada uno de nosotros. Un reencuentro predicho por los incas... hace más de cinco siglos. Este libro también trata de recordarnos las enseñanzas originales, tal como las ha interpretado a lo largo de la historia la gente de cada dirección y elemento. Busca aquello que tenemos en común, aquello que nos complementa. Trata de devolver el equilibrio al planeta, empezando por nuestro propio equilibrio interior para, a continuación, buscar la armonía entre los pueblos y las culturas. Cuando recordemos, dispondremos de una mejor comprensión de quiénes somos y de cuál es nuestra función. Dicen las enseñanzas originales que somos aspectos distintos de una misma divinidad encarnada y que nuestra responsabilidad inmediata es devolver el equilibrio a la Madre Tierra. ¿Lo lograremos...?

www.ingramcontent.com/pod-product-compliance
Lightning Source LLC
LaVergne TN
LVHW030920080826
845145LV00013B/2984

* 9 7 8 0 9 8 7 1 1 9 7 9 7 *